歴史文化ライブラリー

229

古事記のひみつ

歴史書の成立

三浦佑之

目　次

〔凡　例〕

1　本書には、『古事記』『日本書紀』や『出雲国風土記』『常陸国風土記』という書名が頻出する。そのすべてに『　』を用いたのでは却って読みにくくなるので、右の書名にかぎり、『　』の使用は避けた。なお、本文の引用に際しては、『古事記』は日本思想大系（岩波書店）・新編日本古典文学全集（小学館）、『日本書紀』と『風土記』は日本古典文学大系（岩波書店）・新編日本古典文学全集を参照したが、私見により訓読や表記を改めた部分がある。

2　その他の古典の引用は、『万葉集』は講談社文庫（講談社）、『懐風藻』は日本古典文学大系、『律令』は日本思想大系、『続日本紀』は新日本古典文学大系（岩波書店）、『古語拾遺』は新撰日本古典全書（現代思潮社）、『先代旧事本紀』は『先代旧事本紀の研究』、『新撰姓氏録』は『新撰姓氏録の研究』、『釈日本紀』『日本書紀私記』『延喜式』は『国史大系』（以上、吉川弘文館）によった。他の古典についても、現行の信頼できる本文を使用した。

3　本文で引用あるいは参照した文献については、本文には執筆者名・書名（論文名）のみを示し、出版社・発行年や雑誌名・号数・発行年月については、巻末の「参考文献一覧」に掲げた。

歴史書の成立――プロローグ

わたしたちの前に残された古事記と日本書紀とでは、おなじく古代の歴史を描いていながら、ずいぶん大きな違いがあることに気付かされる。たとえば、ヤマトタケルと呼ばれる勇者の物語の前半部分を読んでみる。

倭建命と日本武尊

古事記では、父天皇との言葉の行き違いから兄オホウスを殺害するという場面から物語は語り出される。そして、少年ヲウスは、その凶暴性を父天皇に恐れられ、西の果てに棲む熊曾《くまそ》討伐にかこつけて都を追われるのである。そこで、叔母ヤマトヒメの衣をもらって西に向かったヲウスは、女装し、酒に酔ったクマソタケル兄弟を斬り殺す。そして、倒したクマソタケルからヤマトタケルの名を授けられると、出雲へと向かう。

出雲に着いたヤマトタケルは、イヅモタケルと友の契りを結び、だまし討ち同然のやり口で、友だちになったイヅモタケルを殺してしまう。そののち都へ凱旋《がいせん》すると、すぐさま父オホタラシヒコ（景行《けいこう》天皇）によって、東への遠征を命じられるのであった。

一方、日本書紀に描かれるヤマトタケルは、皇子として、遠征将軍として、父天皇に忠誠を尽くす人物として存在する。兄を殺すことはないし、熊襲《くまそ》討伐は、父天皇の九州遠征の残務処理のようなかたちではあるが、勇猛な力を振るって忠実に成し遂げる。

また、命令を逸脱して出雲に向かうことはなく、熊襲の地からまっすぐ都に凱旋したあとは、父天皇の労《いたわ》りの言葉とともにゆっくりと静養する。そして、荒ぶる蝦夷《えみし》の討伐については、はじめのうちこそ断っているが、だれも出かける者がいないというので、最後には自らの意志で出で立つことを決断する。それに対して父天皇は、兵士を与えねぎらい励ましてヤマトタケルを見送るのである。どこまでも、日本書紀の描く父と子、天皇と皇子は、親和的な関係を踏み外すことがない。

おなじヤマトタケルという名を持ちながら、古事記の倭建命《やまとたけるのみこと》と日本書紀の日本武尊《やまとたけるのみこと》とでは、まったく別人であるかのように造型され、それぞれの書物に伝えられている。なぜ、このような違いが生じたのか。根元は同じだと思われるのに、人物造型がここまで違ってしまうのは、古事記と日本書紀とのあいだに、決定的な差異があるからではないか——そのようにでも考えなければ、二つの歴史書に、まったく別人のヤマトタケルが描かれる理由は見出せない。

しかも、もうひとり、ヤマトタケルという人物は、常陸国風土記《ひたちのくにふどき》では「倭武天皇《やまとたける》」という名前で、さまざまな伝承に登場する。くわしいことは、本文で論じるが、地誌としての常陸国風土記も、律令国家の命令に基づいて編纂された歴史書である。その中で、なぜ、ヤマトタケルは「天皇」として語られているのか。この点も、歴史書を考える場合に大きな謎として立ちはだかってくる。

二つの歴史書

しばしば「記紀」あるいは「記紀風土記」というふうに一括して取り上げられる古代の歴史書は、その一端を眺めてみただけでも、内容や性格にずいぶん大きな違いがあるということに気づかされる。その違いは、なぜ生じたのか。歴史書として何が違うのか。そして、ほぼ同じ時期に、なぜ、古事記と日本書紀と、二つの歴史書が編纂される必要があったのか。

古事記と日本書紀とをひと括りに扱うべきではないとか、それぞれ別個の作品として自立しているとか、二つの歴史書の扱いかたについては、さまざまな議論がなされてきた。

しかし、古事記と日本書紀とが違うということだけなら、誰にでもすぐわかることであり、込み入った議論をする必要はない。

先にふれたヤマトタケルの伝承がそうであるように、どこを読み比べてみても、この二つの歴史書は、あまりにも違いすぎるのだ。だからこそ逆に、比較してみたくなるのだし、並べて論じてみたくもなるのだし、古事記を論じるのに、日本書紀を補助資料として使いたくなるのだ。そしてわたしは、そのような使いかたをするのが間違いだとは思わない。何を論じるかという、こちらの主題によって、古事記と日本書紀はさまざまな対象として向き合うことができるのである。

ただし、古事記と日本書紀は別の書物であるというのは大前提として認識されていなければならない、それは当たり前のことである。しかし、当たり前だと言いつつ、なぜそのように大きく違うのかという点については、一般的に承認された共通認識があるわけではないし、説明が尽くされているわけでもない。

もっとも納得しやすいのは、古事記は過去に向いており、日本書紀は未来に向いているという西郷信綱の指摘である。氏が、「古事記の関心は推古朝あたりで、ないしは律令制の開始とともに終るところのあるもの」へ向けられ、「日本書紀の関心が続日本紀以下の六国史へと続いてゆくあるもの」へと向けられていると述べたのは、よく知られている（『古事記研究』四三頁）。その指摘を承《う》けるかたちで、古事記は内側に向けて、日本書紀は外部に向けて書かれているという説明を付け加えることもできよう。

疑わしい古事記「序」

これは納得しやすい説明である。しかし、確認しておきたいのは、そのような説明は、古事記も日本書紀も、古代律令国家の中枢において編纂され筆録された歴史書であるとみなしているということである。そう考えた場合、古事記と日本書紀の出自は、ほとんど変わらないということになる。

あるいは、日本書紀を公式の歴史書と考え、古事記を非公式な歴史書と考える立場もあるが、従来の認識では、三谷栄一の主張をみればわかるように、「非公式な」というのは「後宮」のことであるというに過ぎない（『古事記成立の研究』）。そして、そうであるかぎり、日本書紀と古事記とは対立的な関係に置かれているというような言いかたはできない。

古事記が、ある種アンフォーマルな、後宮という場にあったという論述は説明としてはつじつまが合う。しかし、同じ朝廷の内部において、アンフォーマルな倭建命とフォーマルな日本武尊と、二人のヤマトタケルを語り分けていたとみなすのは、案外むずかしいことではないか。しかも、たとえば後宮に古事記（あるいはその前身の語り）があったと考えたとき、天皇と御子との修復できない対立を描く物語を語ることを、後宮という場は許容していたのだろうか。もちろん、後宮の中で公認されていたというのではなく、密やかに語られるというようなことは十分に考えられる。しかし、もしそうなら、二つの歴史書の出自は、あきらかに別ものだと考えたほうが説明しやすいのではないか。

日本書紀の場合、推古《すいこ》朝の「天皇記・国記」から始まる古代国家の歴史書編纂の流れの果てに、養老四年（七二〇）に奏上された。その具体的な流れについては本文で論じるが、その動きは、古代律令国家の事業として、とてもわかりやすい道筋をたどっている。それに対して、過ぎ去った世界に向いているという古事記成立の経緯を納得するには、いつも何か後ろめたいような、ごまかしの混じったためらいが生じてしまう。

むろん、現存する古事記の冒頭には「序」があり、成立の経緯については、そこに詳しく述べられている。その「序」をまるごと信じるならば、古事記の成立事情は日本書紀よりもずっと明瞭である。しかし、七世紀から八世紀初頭に至る古代国家の歴史書編纂の動きを考慮したとき、「序」に書かれた説明を素直に信じることはできない。

この本でわたしが論じたいのは、現存する歴史書、古事記と日本書紀と風土記が、どのような関係にあるのかという点である。現存する五つの国の風土記だけを比べると、風土記には、編纂された国によって性格に違いがあり、一括して論じるのはむずかしい。ただ、律令国家の命令を受けて編纂されたという点では、中央政府の歴史書編纂事業の流れの中に位置づけなければならない書物であるのは明らかだ。その風土記を加えて、古代の歴史書の関係をどのように位置づければ、納得できるかたちで古代の「史書」史を把握することができるか、本書の関心は、その一点に集中している。

「史書」史の構想

本書では、次のような順序で「史書」史を論じていくことになる。

まずはじめに、六世紀以降の歴史書編纂の動きを辿りながら、日本書紀が成立する必然性をおさえる。そこに見出されるのは、正史「日本書紀」の構想であり、その結果としての「日本書紀」の成立である。そして次には、その「日本書紀」＝日本書紀がどのような方法と内容をもつ歴史書であるかということを確認する。それは、律令国家が要請した歴史とは何かということを把握する作業である。

「日本書」の構想を確認し、日本書紀の方法を押さえた上で、ようやく古事記という作品について論じることになる。そこでわたしは、和銅《わどう》五年（七一二）正月に奏上《そうじょう》されたと記されている古事記「序」の内容を検証する。そして、「序」そのものが疑わしいということを明らかにしたいと考えている。

古事記が和銅五年に成立したという根拠は、「序」にしかない。その「序」が疑わしいということになると、古事記という歴史書は居場所がなくなってしまう。それをどのように位置づければよいのか、そして古事記とはいかなる書物なのか。このあたりの問題をきちんと論じないかぎり、古事記の成立とその本質はわからないし、古事記と日本書紀との関係を正しく把握することもできないはずだとわたしは考える。そして、今までの古事記論あるいは歴史書論のほとんどは、間違っていたのではないか。

結論めいたことを先取りして言えば、わたしは、「序」に問題はあるが、古事記本文を、後世に書かれた「偽書」だとは考えていない。古事記の神話や伝承にみられる表現の古層性や系譜の古層性を探りながら、その古さを確認してゆきたいと考えている。

風土記については、なぜ和銅六年（七一三）に編纂命令が出されるのか、いかなる性格をもつ書物かということを、いくつかの風土記を対象にしながら論じるつもりである。それは当然、「日本書」の構想を踏まえてしか理解できない。

本書を読むと、古事記を古代律令国家に縛りつけてきたことの不毛さを、あらためて実感できるはずである。おそらく、本居宣長以来ずっと、戦前も戦後も、古事記は、正当に位置づけられないままに読まれてきたのだ。本書の論述を通して、読者の方々にそれを納得してもらうことができるならば、わたしの所期の目的は達成されたということになる。

もちろん、今まで培われてきた古事記の読みを、一気に転換させることなど至難の業だということは、わたしもよく知っている。むずかしいことだが、古事記に正当な位置を与えたいと願うばかりである。

「日本書」の構想

史書と法――歴史を占有する国家

古代大和《やまと》王権が国家になるための装置として導入したのは、中国の制度であった。おそらくそれは七世紀初頭に萌芽し、成長して実を結ぶのにおよそ百年の歳月を要した。

法と歴史の構想

血縁とか地縁とかではない結びつきによって成り立つ社会を作り、その社会での安定した生活を保証することによって、国家は揺るぎなく人びとを支配し、治めることができる。そのような強固な国家になるために、制度の確立と保持は不可欠であった。

中国から導入した制度とは、具体的には、法としての律令、根拠としての歴史書、経済としての貨幣、中核としての王都であり、それらの諸制度を統括し、横（役所と役所）や縦（都と地方）を自在につなぐのが漢字という伝達手段であった。漢字は、当時にあってはまさに、ハイテクノロジーであったということができる。

　導入された制度の中でも、ことに国家として重要なものは、法と歴史であった。決まりを作り、それを守らせることによって人びとを掌握する、それは、国家にとって欠かすことのできない統治の基盤である。それは、強制力をもつ法の力によって運用されるものであるが、自分たちが国家に帰属し守られているという幻想を抱くことができなければ、国家は守れない。そして、そのために必要なものが、歴史だった。

　歴史は神話と言い換えてもよいが、支配者（ここでは天皇）がいかなる出自を持ち、自分たちとどうつながっているか、国家がどれほど由緒正しい謂《い》われをもつかということが確認されることによって、安定した持続が可能になるのである。唯一の正しい歴史を持つことは、国家を安定させるために欠かせない。それは、血縁的な、地縁的な共同体では口頭による語りでかまわないが、国家の場合には、歴史は書かれることによって役割を果たすことができるのである。

　言うまでもないことだが、古代律令国家にとって、それらの制度は、みずからが選びとったものではない。東アジアの端っこに位置する島国にとって、それらは唯一の制度として与えられたものであった。そしてそれは、隋《ずい》・唐《とう》という大帝国に肩を並べるためにも必要だったのである。

これら国家への脱皮の試みとしての諸制度の整備については、日本書紀に連ねられた記事を辿ってゆくとおおよその輪郭が見えてくる。そして気づくことは、法と歴史書の試みはつねに対応するかたちであらわれてくるということである。あたかも車の両輪のように同じ時期に企図され、事業は並列的に進んでゆく。その試みは聖徳太子の時代に始まり、八世紀初頭における法と史書の完成に至るまで、営々と積み重ねられていった。

日本書と日本書紀

大宝律令《たいほうりつりよう》の改訂版ともいうべき養老律令《ようろう》（律・令、各十巻）の撰定が養老二年（七一八）に完成したのに呼応するように、二年後の養老四年（七二〇）五月には、国家の正史として位置づけられる日本書紀が完成する。

是《これ》より先、一品舎人親王《いつぽんとねりのみこ》、勅《みことのり》を奉《う》けたまはりて日本紀《にほんき》を修《あ》む。是《ここ》に至りて功《くう》成りて奏上《さしあ》ぐ。紀《き》三十巻系図《けいづ》一巻なり。（『続日本紀』養老四年五月二十一日）

ここに「日本紀」という書名が見え、現存しない「系図」が作られていたことを確認できる。「日本紀」という書名についていうと、『続日本紀』をはじめ、後続の歴史書は、『日本後紀』『続日本後紀』というかたちで、「日本紀」という書名を受け継いで名付けられている。残された古写本類では「日本書紀」と題するものが多いが、古文献には「日本書紀」と「日本紀」と、両方の書名が登場する。

典拠とした中国の正史は、通常、「紀」「志」「伝」の三つがそろった「○書」（たとえば『漢書』）と呼ばれる紀伝体の形式をとる。編年体の体裁をとる史書は「○紀」と呼ばれるのがふつうで、「○○書紀」という書名をもつ歴史書は、中国には存在しない。

こうした書名や内容への疑問については従来からさまざまに論じられてきたが、諸説を整理して、わたしなりの見解をまとめると、はじめ、歴史書の構想としては、『漢書』など中国正史に基づいた、紀・志・伝のそろった「日本書」がもくろまれていた。ところが、養老四年に成立したのは、「紀（帝紀）」と「系図」だけであった。

その奏上された「紀三十巻」に記されていた書名は、すでに神田喜一郎が見抜いている通り（「『日本書紀』という書名」）、『日本書』という題名の下に、小字で「紀」とするし、これが『日本書』の「紀」であることを表示しようとして「日本書　紀」とあった。それが転写されるうちに、「日本書」と「紀」とのあいだの余白が詰まり、「日本書紀」になってしまったのである。嘘のようだが、この神田の見解は動かない。

『続日本紀』に記された「日本紀」という書名は、「日本書」の構想が頓挫した後に選びとられたものであり、『続日本紀』の編者たちによって名付けられた。「日本紀」が元来の書名ではないというのは、『続日本紀』には「日本紀」と記されていながら、現存する古写本類では「日本書紀」になっているものが多いという点からも確かめられる。養老四年の奏上時における史書の名は、「日本書　紀」であった。

　そこから考えると、養老四年の時点では、まだ「日本書」が構想されていたということになる。継続の意志があったかどうかは別にして、奏上された歴史書は、表向きには「日本書」の一部として認識されていたのは明らかだ。それが、いつ頓挫したかはわからないが、次の正史『続日本紀』の編纂段階には、「日本書」の構想はまったく見出せない。

　現在わたしたちの手元にある日本書紀（日本紀）は、もとは、正史「日本書」の一部として編まれた書物だった。はじめから「紀三十巻」だけの「日本紀」編纂を目的としていたわけではないということは、今は散逸した「系図一巻」（『漢書』でいえば「表」に相当する）の存在が証明しているはずである。

　そもそも「紀三十巻」と『続日本紀』に書かれているということ自体が、「紀」以外の構想が存したことを裏付けており、「日本紀」と記された書名とのあいだに齟齬《そご》を露呈している。そして、「日本書　紀」以外に、「日本書　志」や「日本書　列伝」が準備されていたという痕跡は、後述する通り、史書編纂の営みをたどってゆくことによってさまざまに見出せるのである。

起源としての聖徳太子

成立した古代国家の存続の基盤を保証する装置として、史書と法は緊密に連環する。そのことは、日本列島における史書と法の始発が、ともに聖徳太子に求められ、それ以降、対なるものとして受け継がれてゆくという事実によって確認することができる。

夏四月の丙寅《へいいん》の朔《つきたち》にして戊辰《ぼしん》に、皇太子《ひつぎのみこ》、親《みづか》ら肇《はじ》めて憲法十七条を作りたまふ。一に曰《いは》く、和《わ》を以ちて貴《たふと》しとし、忤《さか》ふること無きを宗《むね》とせよ。……（日本書紀、推古十二年〈六〇四〉四月一日）

是《こ》の歳《とし》に、皇太子・嶋大臣《しまのおほおみ》、共に議《はか》りて、天皇記《てんわうき》及《およ》び国記《こくき》、臣《おみ》・連《むらじ》・伴造《とものみやつこ》・国造《くにのみやつこ》・百八十部《ももやそべ》、弁《あは》せて公民《おほみたからども》等の本記《ほんき》を録《しる》す。（同前、推古二十八年〈六二〇〉是歳）

推古女帝の即位とともに皇太子となり「摂政」となった聖徳太子《しようとくたいし》は、日本書紀には、国家を確立するために必要な人物として位置づけられている。これは、聖徳太子と呼ばれる聖人は存在しなかったとする大山誠一の見解（『「聖徳太子」の誕生』）と矛盾するものではない。ここでいうのは、あくまでも日本書紀の歴史認識の問題である。

聖徳太子が、仏教による倫理観を体現し、「知」を象徴する偉大なる耳をもち、厩《うまや》の前で誕生したという貴種誕生の神話をもたねばならなかったのは、新たな国家秩序の始発が、この皇太子の共同体を逸脱した世界性に求められたからである。つまり、聖徳太子こそが、世界に肩を並べようとする国家の意志を担い、それを可能にする「知」を領導する人物として選ばれたのである。もちろん、ここではその実在性を問題にしているのではない。

聖徳太子とは、正史・日本書紀に、そのように位置づけられた神話的な存在だった。それゆえに、推古紀に記された法（憲法十七条）や史書（天皇記・国記・公民等の本記）が、実体として認められるか否かはどちらでもかまわないのである。少なくとも、本書の論述の上では、奈良時代における歴史認識として、史書と法の起源が、聖徳太子に求められていたということが確認できればよい。

中大兄への継承

聖徳太子によって始められた史書と法の編纂は、大化《たいか》の改新《かいしん》（六四五年）という名の革命を経て、中大兄皇子《なかのおおえのみこ》＝天智《てんじ》天皇へと受け継がれてゆくことになった。これもまた、国家の成立にかかわる神話だと言えよう。

> 蘇我臣蝦夷《そがのおみえみし》等、誅《ころ》されむとして、悉《ことごとく》に天皇記《てんわうき》・国記《こくき》・珍宝《たからもの》を焼く。船史恵尺《ふねのふびとゑさか》、即《すなは》ち疾《すむやけ》く、焼かるる国記を取りて、中大兄に奉《たてまつ》る。（日本書紀、皇極四年〈六四五〉六

月十三日）

蘇我氏は、自らが編纂に関与した国家の神話「天皇記・国記」を道連れに滅亡しようとする。しかし、すべてが灰塵《かいじん》に帰す直前に、船史恵尺という忠臣の手で、「国記」は中大兄にもたらされたというのである。右の記事によれば、「天皇記」は焼失してしまい、焼け焦げた「国記」だけが遺された。しかし、その功績によって、「幼弱《えうじやく》は其の根源に迷《まよ》ひ、狡強《かうきやう》は其の偽説《ぎせつ》を倍《ま》せり」（『新撰姓氏録』序）という無秩序な世界への回帰は辛うじて押しとどめられた。それが、中大兄皇子を聖徳太子の後継者へと導くことになった。

ここに登場する船史恵尺という人物は、最初の火葬者として名高い僧・道照《どうしよう》の父にあたり、王辰爾《おうじんに》を始祖とする渡来系の一族である。もちろん、ここに描かれている出来事の、どこまでが事実かどうかは判断できない。しかし、そのことは別にして、古代国家の確立期において、歴史書の継承を伝える神話に、渡来系の人物が関与しているというのは象徴的なことであるということができよう。

船氏の祖・王辰爾は、蘇我稲目《そがのいなめ》の命を受けて「船の賦《みつき》を数《かぞ》へ録《しる》」す役割を与えられ、船史《ふねのふびと》の姓《かばね》を得たという始祖伝承をもっている（欽明《きんめい》紀十四年七月）。彼は蘇我氏と親密な関係にあり、記録という作業に長《た》けた人物だった。おそらく船史一族は、聖徳太子と蘇我氏とによって作られたという史書（天皇記・国記）の編纂・管理にも関与していた可能性が高く、だからこそ、火の中から「燼書《じんしょ》」（焼け残った書物）を持ち出す役割を担うことになったのである。

『類聚三代格《るいじゅうさんだいきゃく》』によれば、「天智天皇元年に至りて、令廿二巻を制《せい》す。世人《よのひと》の謂《い》へるところの近江朝廷の令なり」（巻一・序事・格式序）と記されている。この「天智天皇元年」は即位元年のことをさしており、日本書紀の編年によれば天智七年（六六八）にあたるのだが、日本書紀には該当する記事がない。しかし、その頃に、「近江令」が作られたのは間違いないだろう。

日本書紀には天智九年二月に、「戸籍《へのふみた》を造る。盗賊《ぬすびと》と浮浪《うかれびと》とを断《や》む」とあり、これは、日本で最初に作られた戸籍「庚午年籍《こうごねんじゃく》」をさしている。こうした戸籍の編成を行うためには、それに先立って、のちの「戸令《こりょう》」に相当する法が成立していなければならない。そこから考えて、日本書紀には記されていないが、天智九年以前に、「近江令」の一部あるいは大枠はできていたはずである。そして当然、その「近江令」は、法の起源としての「憲法十七条」に根拠づけられて存在しうるものであった。

ここから言うと、古代律令国家の起源が聖徳太子にあり、それが中大兄に受け継がれて新たに歩みはじめたという歴史認識が存したことが確認できる。そして、その史書と法は、壬申《じんしん》の乱（六七二年）と呼ばれる動乱を経たのちに、大海人皇子《おおあまのみこ》＝天武《てんむ》天皇によって確立されることになる。それは、クーデターによって即位した天武が、皇統を受け継ぐ正統な後継者であることを保証することでもあった。

天武朝における法と歴史

天武十年

天武もまた、史書と法とを両輪として国家を完成に導いた天皇として位置づけられている。つねに、史書と法は対応するものとして認識され続けるのである。そして、ことに天武の場合、聖徳太子から中大兄皇子へと受け継がれた事業を継承する王権であると主張することが、ぜったいに必要であった。なぜなら、兄がうち建てた朝廷を簒奪《さんだつ》したクーデターを、聖戦にしなければならないからである。それを果たすことによって、天武は、自らを律令国家の中興《ちゅうこう》の祖と位置づけることができたのである。

天皇・皇后、共《もろとも》に大極殿《おほあんどの》に居《おは》しまして、親王《みこたち》・諸王《おほきみたち》及び諸臣《まへつきみたち》を喚《め》して、詔《みことのり》して曰《のたま》はく、「朕《われ》、今より更律令《またりつりやう》を定め、法式《はふしき》を改めむと欲《おも》ふ。故《かれ》、倶《とも》に是《こ》の事を修《をさ》めよ。然《しか》れども、頓《にはか》に是《これ》のみを務《まつりごと》に就《な》さば、公事《おほやけわざ》闕《か》くこと有らむ。人を分けて行ふべし」と。（日本書紀、天武十年〈六八一〉二月二十五日）

天皇、大極殿に御《おは》しまして、川嶋皇子《かはしまのみこ》・忍壁《おさかべ》皇子・広瀬王《ひろせのおほきみ》・竹田王・桑田王・三野《みの》王・大錦下《だいきむげ》上毛野君《かみつけののきみ》三千《みちぢ》・小錦中《せうきむちう》忌部連首《いむべのむらじおびと》・小錦下阿曇連《あづみのむらじ》稲敷《いなしき》・難波連《なにはのむらじ》大形《おほかた》・大山上《だいせんじやう》中臣連大嶋・大山下平群臣子首《へぐりのおみこびと》に詔《みことのり》して、帝紀《ていき》及び上古《じやうこ》の諸事《しよじ》を記し定めしめたまふ。大嶋・子首、親《みづか》ら筆を執《と》りて以ちて録《しる》す。（同前、三月十七日）

日本書紀によれば、法の撰定作業（二月）と史書の編纂事業（三月）は、おなじ年に相次いで出された天武の詔によって開始された。この二つの記事には、法と史書とが一体の国家事業であるということが、はっきりと示されている。

ことに天武にとっては、力としての「律令」と、精神的支柱としての「帝紀および上古の諸事」は、どちらも、あだやおろそかにはできないものであった。兄である天智の幻影を払拭するために、自分こそが正統的な天皇であるために、法の整備と史書の編纂は急務だったのである。

古事記「序」の天武

このように、天武とその事業を位置づけた時、古事記の編纂にかかわる重要な疑問に横着する。それは、天武十年三月の詔が、古事記

「序」に記された天武の発した勅命と、どのような関係にあるかということである。二つの記事を、おなじ歴史書の編纂事業について述べていると解釈すると、両者は真っ向からぶつかってしまうのである。古事記「序」の当該部分を引用すると以下のような内容になっている。

是《ここ》に、天皇詔《の》りたまひしく、「朕《われ》聞く、諸家《もろいへ》の賷《も》てる帝紀《ていき》と本辞《ほむじ》と、既《すで》に正実《まこと》に違ひ、多く虚偽《いつはり》を加へたり。今の時に当《あた》りて、其の失《あやま》りを改めずは、幾年《いくとせ》も経ずして其の旨《むね》滅《ほろ》びなむとす。斯《こ》れ乃《すなは》ち、邦家《みかど》の経緯《たてぬき》、王化《おもぶけ》の鴻　基《おほきもとゐ》なり。故《かれ》、惟《おもひ》みれば、帝紀を撰《えら》び録《しる》し、旧辞《きうじ》を討《たづ》ね覈《きは》めて、偽《いつは》りを削《けづ》り実《まこと》を定めて、後《のち》葉《よ》に流《つた》へむと欲《おも》ふ」と。

時に舎人《とねり》有り。姓《うぢ》は稗田《ひえだ》、名は阿礼《あれ》、年は二十八。為人《ひととなり》聡《と》く明《さと》くして、目に度《わた》れば口に誦《よ》み、耳に払《ふ》るれば心に勒《しる》す。即《すなは》ち、阿礼に勅語《みことのり》して帝皇《ていわう》の日継《ひつぎ》と先代《せんだい》の旧《きう》辞《じ》とを誦《よ》み習《なら》はしめたまひき。然《しか》れども、運《とき》移り世《よ》異《かは》りて、未《いま》だ其《そ》の事を行ひたまはざりき。

古事記「序」によれば、国家の根幹が危機に瀕しているという。そのために、大化の改新によって生じた秩序の混乱を、蘇我氏のもとから持ち出された「燼書」が救ったように、壬申の乱という内乱に勝利した天武は、歴史の「定実（実を定む）」によって、混乱した秩序の回復を図ろうとしたというのである。

養老四年に奏上された「日本紀」と、和銅五年に撰録されたという古事記は、元を同じくする二つの書物だということは、大元をたどればその通りであろう（たとえば梅沢伊勢三『古事記と日本書紀の成立』）。しかし、その始発を、天武十年の詔と古事記「序」にある天武の命令とに置くとすれば、両者はずいぶん性格の違うものではないかという疑問が生じる。

現存する古事記と日本書紀は、ともに「帝紀＝帝皇日継」と「上古諸事＝本辞・旧辞・先代旧辞」とによって編まれ、その内容は、天皇家の起源を保証する神話と、今につながる縦の時間軸の中に組み込まれた天皇の事績とによって構成された歴史書である——そのように説明される通説的な認識には、じつは大きな陥穽《かんせい》があるのではないか。

ほぼ同じ時に、なぜ接近した二つの歴史書が存在するのか。しかも、その内容は、日本書紀は天皇の事績を編年体によって、古事記は古い伝承群を積み重ねたような「累積」的な方法によって叙述している。しかも、同じ出来事を記述しながら、出来事に対する認識と叙述のしかたは、まったく異質なものになっている。そうでありながら、古事記も日本書紀も、編纂の始発を天武天皇の「詔（勅語）」によって位置づけている。そのことに、どこか不自然さが感じられるのである。

この奇妙な事実を、だれも大きく問題にしないのは、どう考えても納得できない。あるいは、古事記「序」に記された事業は、天武十年三月の日本書紀の記事と同じだと考える研究者もいるかもしれない。しかしそれは、まったく不可能だと断言してよい。なぜなら、日本書紀に記す史書編纂は、「律令」の編成とパラレルに企図された律令国家の事業であるのに対して、古事記「序」に記された行為は、そうした国家事業とは逆行しているといわねばならないからである。この点は、のちほど改めて問題にするが（「古事記の成立」参照）、古事記の内容は、律令国家が求めた正史とはまったく異質なものになっていると言わざるをえないのである。

右に引いた部分をふくめて、古事記「序」を、古事記という書かれたテキストの根拠を語る「神話」として読まなければならないと論じたのは斎藤英喜であった（「勅語・誦習・撰録と『古事記』」）。これは、今考えるととても重要な指摘である。そして問題になるのは、だれが、神話としての「序」を書いたかということであり、その神話は、最初から古事記とともにあったのかということである。しかし、そこに論述を展開する前に、日本書紀あるいは「日本書」について述べておかなければならないことがいくつかある。

それにしても、同じ天武朝に出された詔が、じつはまったく別の方向を向いているのはどうしてか。それを無理やりに一つの事業と考えたり、同一線上に位置づけたりする必要はないだろう。このことは、本書の論述において、もっとも大きな問題になるということを、あらかじめ記しておきたい。

紀・志・伝の構想

古事記という作品を、古代律令国家の史書の構想の中に組み込もうとすると、いろいろな齟齬を生じてしまう。そこで試みに、古事記を除外して眺めてみると、とてもわかりやすくなる。近江令から養老令への連続した流れとして法（律令）が完成したように、「天皇記・国記」にはじまり、天武十年の詔で編纂が開始され養老四年に至って日本書紀（「日本書　紀」）が奏上される、その歴史書の編纂事業は一貫している。

しかし、そう考えただけで問題が解消するわけではない。神々の出来事として語られる起源と天皇の事績（紀＝帝紀）が記述されただけでは、法＝律令に対応する正史の構想としては十全とはいえないからである。律令国家が、中国の制度を模範として史書を構想したことは先にふれた。そして、そうだとするならば、正史「日本書」には、「紀」だけではなく、天皇を支える臣下や人民の事績を伝える「伝」と、当時の治世や国土などについて記した「志」とが揃っていなければならないからである。

各氏族の根拠や天皇家と氏族との関係については「日本書　紀」である日本書紀にも記されてはいるが、それらはあくまでも天皇の側から位置づけられ記述されているに過ぎない。そして、日本書紀をみると、天武十三年十月条に見られる「八色《やくさ》の姓《かばね》」の制定や、持《じ》統《とう》五年八月条に記された「祖先の墓記」の上進など、天皇と氏族との関係を確認しようとする作業がさまざまなかたちで行われていたということをうかがわせるのである。そして、それらの事業は、「日本書　伝」の構想と何らかの関係をもっていたはずである。

もう一つの、「日本書　志」についても、天武朝に企図された正史の構想においては、当然のこととして考慮されていたはずである。そして、その痕跡は、天武朝から文武朝に至る日本書紀や『続日本紀』の断片的な記事から、ある程度は想定することができる。

史書編纂と担当者の重複

「志」と「伝」の構想については、次節以下で具体的な痕跡を探ってみようと考えている。その前に、律令の編成と史書の編纂に関連すると思われる日本書紀の記事を確認しておく。

境部連石積《さかひべのむらじいはつみ》等に命《みことのり》して、更《さら》に肇《はじ》めて新字《にひな》一部《ぶ》四十四巻を造《つく》らしむ。（天武十一年

〈六八二〉三月十三日）

境部連石積という人物は、白雉《はくち》四年（六五三）に唐に留学した学生であった。その舶来の知識を身につけた石積に命じられた「新字」を造る事業は、施基《しき》皇子らを任命した「撰《よき》善言司《ことえらぶつかさ》」という役所の設置（持統三年〈六八九〉六月二日）と同様に、史書編纂にかかわるとみなしてよいだろう。文字という点では、「律令」にもかかわっている。

「新字」とは、「律令制の整備および国史編纂事業の前提として、字体・訓の一定化が要請される中で勅命により編まれた、わが国最初の漢和字典とでも解釈すべきもの」（嵐義人「新字についての補考」）であったとみると理解しやすい。「文字」が国家の制度を支える重要な手段であることを考慮すれば、法と史書の撰定が企図された直後に命じられた「新字」の策定事業が、律令や史書の編纂と密接にかかわるという推定は動かない。

また、「撰善言司」という役所の役割については明らかになっていないが、意味もなく「善言（めでたい文句）」を集めるというのは不自然なことであり、これも史書編纂にかかわって設置された役所である可能性が高い。つまり、善言とは、史書に記述すべき「よい出来ごと」だったということになる。

天武十年二月の詔には、律令ばかりに力を入れたのでは、「公事《くじ》闕《か》くこと有らむ。人を分けて行ふべし」と述べられていた。ところが、すべての事業を分担して行うということは不可能だったらしい。律令撰定と史書編纂にかかわるいくつかの事業において、同一人物が、重複して作業を担当していることが、日本書紀や続《しょく》日本紀の記事を通してわかる。人ごとに整理して示すと次のようになる。

刑部《おさかべ》（忍壁）皇子＝帝紀・上古諸事の記定（日本書紀、天武十年三月）
　律令の撰定（『続日本紀』文武《もんむ》四年〈七〇〇〉六月ほか）
伊予部連《いよべのむらじ》馬飼（養）＝撰善言司の任命（日本書紀、持統三年六月）
　律令の撰定（『続日本紀』文武四年六月ほか）
調忌寸《つきのいみき》老人《おきな》＝撰善言司の任命（日本書紀、持統三年六月）
　律令の撰定（『続日本紀』文武四年六月）
中臣連大嶋＝帝紀・上古諸事の編纂と筆録担当（日本書紀、天武十年三月）
　諸国境界の確定（同、天武十二年十二月）

おそらく、こうしたありようは、史書編纂と律令撰定とが一体の事業であり、そのために重複が生じたとみるべきである。そして、推古《すいこ》朝に始まり、天智朝を経過した法と史書の編纂にかかわる国家事業は、天武朝で一気に加速し、八世紀初頭の養老律令の完成と日本書紀の奏上へと雪崩をうって動いてゆくのである。しかも、そこでは、「日本書　紀」だけでなく、「日本書　志」と「日本書　伝」の準備も、着々と進められていた。

「日本書　志」としての風土記

風土記の撰録

和銅六年（七一三）五月、なぜ風土記撰録の官命は出されたのか。それは、前年正月にできたという古事記とのあいだに、どのようなつながりがあるのか、あるいは無関係に存在するのか。両者がともに、律令国家の確立のための事業の一環として企てられたものであるならば、古事記編纂と風土記撰録との間には連続性なり補完性なりがなければならない。また、風土記撰録の官命から七年後の養老四年（七二〇）に奏上された日本書紀（「日本書　紀」）と風土記との関係についても、納得できる説明がなされねばならないのは当然である。なお、中央の命令に応えた地方官庁の報告文書は「解《げ》」と呼ばれるが、ここでは通称としての風土記という呼称を用いる。

養老四年に奏上された「紀三十巻系図一巻」は、国家の正史の完成ではなかった。歴代天皇の事績を記録する「紀」と、天皇の継承関係を記載した「系図」の完成は、律令国家の根幹としての天皇家の、縦に連なる時間軸を保証するものではあったが、もう一方の、横に広がる空間軸としての国土と人民の掌握は残されたままであった。それを果たすことによって、律令国家における「日本書」の構想は完結するのである。そして、その事業の一環として、いわゆる風土記撰録の官命は出された。

畿内《きない》と七道《しちだう》との諸国《くにぐに》の郡《こほり》・郷《さと》の名は、好《よ》き字《じ》を着けしむ。其の郡の内に生《な》れる、銀《しろかね》・銅《あかがね》・彩色《さいしき》・草・木・禽《とり》・獣《けだもの》・魚《うを》・虫等の物は、具《つぶさ》に色目《しきもく》を録《しる》し、土地の沃塉《よくせき》、山川原野《さんせんげんや》の名号《みやうがう》の所由《しよいう》、また、古老《こらう》の相伝《あひ》ふる旧聞異事《きうぶんいじ》は、史籍《しせき》に載《しる》して言上《ごんじやう》せしむ。（『続日本紀』和銅六年五月二日）

朝廷の内部において、律令が撰定され歴史書が編纂されるのと並行して、地方の国々に出された「史籍」の編纂命令は、その時期から考えても内容からみても、正史「日本書」を実現するための、「日本書　志」の資料を収集する目的で企てられたとみなければならない。その点について、神田秀夫は、「わたしの素人考えですけど、風土記というのは、漢書でいえば一種の地理志みたいなもので、『書』をつくらせる資料として提出させたものが、ああいうふうに変形したんじゃないかと思うんです」と指摘する（『（鼎談《ていだん》）記紀をどう読むか』）。また、呉哲男も同様の見解を表明している（「日本書紀」）。

中国史書の構成

こうした認識は、おそらく動かない。「日本書」編纂事業の一環として位置づける以外に、和銅六年に、風土記の編纂命令が地方の国々に出される理由を見出せないからである。そして、それは当然、中国の歴史書を模範にしたものであった。

参考のために『漢書』百巻の構成を確認すると、全体は次のようになっている。

帝紀　巻一　　　～巻十二
表　　巻十三　　～巻二十
志　　巻二十一～巻三十
列伝　巻三十一～巻百

このうちの「表」は皇帝の系図に相当し、「帝紀」部分の付録のような性格をもつとみてよい。そして、「帝紀」と「表」は、養老四年に奏上された「紀三十巻、系図一巻」に対応する。『漢書』では「列伝」の分量が圧倒的に大きいが、中国正史の総体は、紀・志・伝の三部から成るものであるということは確認できるだろう。

そして、三つのうちの「志」の部分だが、内容はさまざまな分野にわかれている。『漢書』の場合、「志」は次のようなかたちで十巻に仕立てられている。

巻二十一　律歴志《りつれきし》　第一上・下
巻二十二　礼楽志《らいがくし》　第二
巻二十三　刑法志　第三
巻二十四　食貨志《しょっかし》　第四上・下
巻二十五　郊祀志《こうしし》　第五上・下
巻二十六　天文志　第六
巻二十七　五行志　第七上・中之上・中之下・下之上・下之下
巻二十八　地理志　第八上・下
巻二十九　溝洫志《こうきょくし》　第九
巻三十　芸文志《げいもんし》　第十

それぞれの巻名をみれば想像できるとおり、「志」に収められているのは、漢代における諸制度の記録である。律歴（度量衡《どりょうこう》や暦）・礼楽から芸文まで、その時代に行われたさまざまな制度・事業や文芸など人びとの営みが、まるでタイムカプセルのように記録され、漢という時代を明らかにする（溝洫志は、治水灌漑《かんがい》に関する記録）。それが、正史の中の「志」である。そして、その中の一巻を「地理志」が占めているのである。

「志」十巻の巻名を確認すれば明らかなように、「地理志」以外の「志」は、中央政府の内部資料を集積し整理することによって編纂できるものである。「志」を構成する諸項目は、その時代の国家の法令や政策・行政などの文書の総体のようなものといえるからである。それに対して「地理志」は、地方をどのように掌握し、どのような版図《はんと》をもっているか、それぞれの地域にはどのような人びとが生活しているかといった内容を記載しなければならない。

「日本書　地理志」

漢書のような中国正史を模範として「日本書」を作る、それが、律令国家を完成させるためには必要であった。というより、律令国家の制度を整えるためには、律令と史書は車の両輪のように不可欠な支柱と認識されていたのである。そこで、紀・表（系図）・志・伝のそろった「日本書」のうちの、「地理志」の材料を集めるために、地方の国々に向かって和銅六年の官命は出された。それは同時に、律令国家が、実態的にも精神的にも地方の国々を掌握することを意味していた。

その和銅六年の官命を整理すると、要求内容は、次の五項目になる。

(1)郡や郷の名に好い字を付ける
(2)特産品の目録を作成する
(3)土地の肥沃状態を記録する
(4)山川原野の名前の由来を記す
(5)古老が相伝する旧聞異事（昔から伝えられている不思議な出来事）を記載する

このうち、(1)の郡や郷の名に好い字を付けよというのは、地名を掌握することが、国家にとっては地方を支配することを意味しているからである。また、(3)の土地の肥沃状態を把握することは、律令国家の制度的基盤となる班田収授法《はんでんしゅうじゅのほう》を支えるために必要な項目であるとともに、(2)の特産品も含めて、税制度を維持するための経済的、財政的な基盤を確認する意味をもっていた。

そして、そうした政治的・経済的な側面をもつ項目とは別に、(4)の山川原野の名前の由来と、(5)の古老が相伝する旧聞異事の記録化は、それぞれの土地に伝えられている神話や伝承を中央政府が手に入れることを意味した。それは、律令国家が、地方の民と土地とを精神的な側面から支配するために必要な項目だったのである。

なぜなら、神話を手に入れることは、地方の共同体に根付いた固有の幻想を収奪することであり、それによって共同体の人びとを、律令国家の「公民《おほみたから》」として組み込むことができるからである。それは、法＝律令の成立によって、人びとが戸籍に編入されたのに見合う行為だといってもよい。

これら五項目の記録を入手した中央政府は、その資料に基づいて、「日本書　地理志」を編纂しようとしたのである。しかし、理由はいくつも考えられるだろうが、そのもくろみを完遂することはできなかった。

中央と地方

幸いにもというべきか、残念ながらというべきか、わたしたちの手元には、五ヵ国（常陸《ひたち》、播磨《はりま》・出雲《いずも》・豊後《ぶんご》・肥前《ひぜん》）の報告文書「解（風土記）」と、いくつかの逸文が遺された。そのわずかに遺された資料を確認するだけでも、風土記に描かれた内容は、きわめて多様であったということがわかる。そしてその多様さは、提出された「解」をどのように整理し編纂すれば、「日本書　地理志」としての体裁を整えることができただろうかという心配を生じさせる。おそらく、その混沌《こんとん》とした文書の山を前にして、「日本書　志」の編纂事業に携わる官僚や博士たちは、途方にくれてしまったのではなかったか。

養老四年の段階で、「紀三十巻系図一巻」しか完成しなかった理由がどこにあったかはわからない。ただ、地理志の原資料にするはずの各国の「解」の混沌としたありようが、「日本書　地理志」を実現させえなかった理由の一つであったということは疑えない。そして、そうであったがために、五ヵ国に限られるが、各国の風土記が原資料のままに後世に遺されたのであり、それは幸いなことであった。また、風土記編纂の官命が出されたことによって、地方の国々が、自分たちの「土地」を発見することになったというのも、地方にとっては重要な意味をもつはずである。

風土記の編纂に、在地の人びとが、どの程度関与したかは定かではない。おそらく、中央から派遣されていた役人たち（国司層《こくし》）が実質的な執筆者であり編纂者である場合が多かっただろう。しかし、出雲国風土記のように、在地豪族である郡司層《ぐんじ》が執筆したと認められる事例があることを忘れてはならない。彼ら郡司層は、自分たちの生まれ育った土地を、筆録の対象として認識したのであり、それはおそらく未曾有《みぞう》の出来事であった。

そして、彼らがそこで何を見出したか、風土記の撰録を考える時、きわめて興味深いテーマではないかと思う。残念ながら、今のわたしにはそれについてじゅうぶんに論じる準備はないが、彼らが二つの視線を獲得しえたということは、ここに指摘しておきたい。

出雲国風土記においては、各郡の編纂担当者として名前のみえる郡司たちも、全体の勘造者として署名された秋鹿《あいか》郡の人・神宅臣金太理《みやけのおみかなたり》（全太理《またたり》とも）や出雲国造《いずものくにのみやつこ》・出雲臣広嶋《ひろしま》も、すべて在地の豪族である。そこから考えれば、出雲国風土記の記事の多くは、出雲の側の視線によって筆録されているはずである。このことは、その内容や体裁からみて納得できる。しかし、出雲国風土記の記事のすべてが、出雲の側の視線で統一されているわけではない。

出雲国風土記の二つの視線

巻頭に総記を置き、国府のある意宇《おう》郡から反時計廻りに各郡の記事を並べ、最後に巻末記を記すという整った構成をもつ出雲国風土記は、和銅六年の官命にある五項目のうち、土地の肥沃状態を除いた四項目について忠実に筆録している。そして、その四項目のうちでも、物産目録がことに詳細であるほか、掲げられた郷や山などについては郡家からの方角と距離を、川の場合には水源である山までの距離と流れる方角を、池や島や浜などに関してはその周囲の距離を、数字を用いて細かに記載しており、地誌的な性格がもっとも顕著にあらわれた風土記だということができる。これらの数字は、総記においては神社数や各郡の郷や里の数、巻末記においては国内の道路の方角や距離、軍団の数、烽《とぶひ》（のろし台）の場所に至るまで、克明に記述されている。

こうした記述態度は、和銅六年の官命が「日本書　地理志」を編纂するために出されたという見かたを補強する。そして、その詳細な記述内容から、出雲の側の厳密な筆録態度を印象づけられてしまうが、そのすべてが出雲の側の視線によって描かれているかというと、必ずしもそうではない。たとえば、巻末記には、国内を貫通する山陰道を中心に、そこから枝分かれした主要な道路の方角や距離が記されており、その記述方法について、赤坂憲雄は次のような興味深い読みを提示する。

郡レヴェルの記事においては、郡家という権力の中心からの眼差しによって空間が分節化されていた。ところが、国レヴェルの権力の中心であるはずの国府は、巻末総記のなかでは、空間を仕切る要石《かなめ》の役割をあたえられていないのである。

いったい基準点はどこにあるのか。…(略)…出雲の国の全空間＝領域を統べる中心は、疑いもなく公道(五畿七道《ごきしちどう》のひとつである山陰道)をさかのぼった果てに鎮座する、視えざる中心＝都＝天皇である。(「物語　空間　権力」)

この指摘は、風土記撰録が中央政府によって命じられたものであるという点で当然のことでありながら、従来それほど注目されてこなかった。それはたとえば、各郡の記載順序が、意宇郡から始まり、反時計廻りに出雲国を一周し、国府あるいは出雲臣の本拠地である意宇を「要石」にしているようにも見えるからである。ところが、赤坂の指摘を受けて読み直せば、その記載順序も、意宇郡が、都を起点とした山陰道の入り口（道の口）に位置するからだと気づかされる。これは、現存する播磨・豊後・肥前の各国風土記の記載が、国府の置かれた郡を無視して、それぞれの公道の「道の口」、つまり都にいちばん近いところに位置する郡から起筆していることによって確かめることができる（現存の常陸国風土記は新治《にいはり》郡から起筆しており、「道の口」ではないが、国府の置かれた茨城《うばらき》郡が優先されているわけでもない）。

ところが一方で、出雲国風土記には出雲の側の視線を指摘できる部分もある。よく知られた「国引《くにび》き詞章」（意宇郡）の場合、国を引いてきた巨神・八束水臣津野命《やつかみずおみつののみこと》の鎮座したという「意宇の杜《もり》」を定点として、島根半島を西から東に俯瞰するという構図をもっている。そして、その視線には、出雲の地形全体に対する統一的な観念をもった支配者の存在を窺わせる（石母田正《いしもだしょう》「古代文学成立の一過程」）。そのことは、「国引き詞章」が王権的な「クニ（国）」のレベルで語られていたことを証明するとともに、ヤマトを中心と見なす「国家」が介在する以前に、出雲を中心とした版図の認識があったということを明らかにする。

出雲国風土記には、独立した世界とみなしうる出雲固有の版図の認識と、赤坂憲雄が指摘したような律令国家の側の版図の認識とが混在している。そして、その二重性の中に、出雲という世界は存在しているのである。それは、程度の差はあったとしても、出雲以外の地域においても言えることだろう。ただし、現存風土記についていえば、出雲国風土記以外は、郡司層が筆録にかかわっていたかどうかは不明である。

そうした二つの視線を、筆録者である地方豪族層（郡司たち）がもちえたのは、中央政府の命令によって編纂させられることになった「解（風土記）」の筆録を担当したことと無縁ではないはずである。それがよいことであったか否かは別にして、国家による支配が、そうした複合化した視線を可能にしたのは間違いないことである。

「日本書　伝」の構想

残された資料から「日本書　伝（列伝）」の構想を窺わせるような具体的な事例を探すことはむずかしい。しかし、丹念にたどってみると、いくつかの痕跡は見出せるのではないかと思う。たとえば、次の命令も、その一つの痕跡とみなすことができそうである。

祖先の墓記

> 十八の氏《うぢ》（大三輪《おほみわ》・雀部《さざきべ》・石上《いそのかみ》・藤原・石川・巨勢《こせ》・膳部《かしはで》・春日《かすが》・上毛野《かみつけの》・大伴《おほとも》・紀《き》伊・平群《へぐり》・羽田《はた》・阿倍《あへ》・佐伯《さへき》・采女《うねめ》・穂積《ほづみ》・阿曇《あづみ》）に詔《みことのり》して、其の祖等《おやたち》の墓《ぼ》記《き》を上進《たてまつ》らしむ。（日本書紀、持統五年〈六九一〉八月十三日）

また、さきほど名前を出した「撰善言司」という役所の設置も、「伝」の構想にかかわっているだろう。たとえば、『続日本紀』には、親に孝行した孝子を顕彰する記事や卒伝《そつでん》（死者の事績を記した記事）が多く挿入されてくるが、そうした資料を収集するのが撰善言司の役割の一つと言えそうである。そして、それら孝子伝や卒伝は、「日本書　伝」の変形と言えるのではなかろうか。また、『懐風藻《かいふうそう》』に漢詩が載せられている皇子たちには、「序」のかたちでそれぞれの皇子の事績を記した「伝」が添えられている。これなども、天武朝以降の史書の構想と無縁ではないと考えることができそうである。

現在、わたしたちの前には、明確に「伝」と呼べる資料は存在していない。しかし、もし「日本書　伝」が書かれたとすれば、そこに載せられたであろう人物として、まっさきに聖徳太子や藤原鎌足《ふじわらのかまたり》が思い浮かぶ。また、日本書紀に描かれた日本武尊《やまとたけるのみこと》や武内宿禰《たけうちのすくね》など、天皇に忠誠を尽くした皇子や臣下たちの何人かを数えることもできる。

成立の時代は下るが、「聖徳太子伝」や「鎌足伝」は現実に存在する。推古紀に記載された聖徳太子関係の記事をみればわかるように、聖徳太子という人物は、すでに早くから伝説として伝えられていた聖徳太子物語に基づいて構成されているのだろう。そして、さまざまに伝えられ書き残されていた聖徳太子伝説を集成したのが『上宮聖徳法王帝説《じょうぐうしょうとくほうおうていせつ》』（平安時代初期成立）としてまとめられた。しかし、それが唯一の記録ではないし、それ以外の伝えがなかったとも考えられない。現存本以前にも「聖徳太子伝」と呼びうる書物が存在していた可能性は十分にあるだろう。

現存する『(藤氏)家伝』中の「大織冠伝《たいしょくかんでん》(鎌足伝)」は、藤原仲麻呂《ふじわらのなかまろ》が記述したとされており、成立は八世紀中期である。ところが、その文章の中には、日本書紀の記事と重なる部分が存在しており、そのことから坂本太郎は、「両者の共通の祖本《そほん》があり、その祖本を適当に節略して、両者の文ができたと解すべきもののようである。その祖本は鎌足個人の伝記であって、没後遠からぬ頃に作られた、ほんとうの功臣家伝というべきものではなかったろうか」と述べている(「六国史《りっこくし》と伝記」)。想像をたくましくすれば、その「祖本」としての「鎌足伝」は、「日本書　伝」のために書かれたのかもしれない。

神田秀夫は、「日本には史記・漢書《かんじょ》・後漢書《ごかんじょ》・三国志《さんごくし》・晋書《しんじょ》のやうに、列伝に於て、人間の行跡を、個人を単位として、その社会に於ける個性として、登録し、評価するやうな歴史意識がまだなかつたのである。だから、日本書列伝の作れやうわけがなかつたのである。と、かやうに私は考へる」と述べている(「古事記・上巻」)。しかし、七世紀後半という時代を考えれば、作れなかったという否定的な言辞に蓋然《がいぜん》性があるとは思えない。

伝としての浦島子

「伝」が書かれていた証拠として、「浦島子伝《うらしまこでん》」にふれておく。あるいは唐突な発言に聞こえるかもしれないが、浦島太郎の元祖として有名な浦島子は、「日本書　伝」に加えられる人物の一人として存在したのではないかと考える、かすかな痕跡がある。それは、日本書紀の次のような記事に見出せるのである。

丹波《たには》国の余社《よざ》郡の管川《つつかは》の人、瑞《みづ》の江の浦嶋子《うらしまこ》、船に乗りて釣《つり》す。遂《つひ》に大亀《おほかめ》を得たり。便《たち》ちに女《をとめ》に化為《な》る。是《ここ》に、浦嶋子、感《たけ》りて婦《め》にす。相《あ》ひ逐《した》ひて海に入る。蓬萊山《ほうらいさん》に到りて、仙衆《せんしゅう》を歴《めぐ》り観《み》る。語《こと》は、別巻《べっかん》に在《あ》り（語在別巻）。（雄略《ゆうりやく》二十二年七月）

発端の部分だけが、しかも簡略に記されているに過ぎない。しかし、その内容は、わたしたちの知っている昔話「浦島太郎」とはまったく違っている。ここで、その内部に立ち入って論じ出すと、本書の主題から大きく逸脱してしまいそうなので、ここではふれない（興味のあるかたは、拙著『浦島太郎の文学史』を読んでほしい）。本書のテーマにしたがって、浦島子と「日本書　伝」の構想にかぎって述べておく。

右の雄略紀の記事が、日本書紀の完成した養老四年（七二〇）より前の、いつごろ書かれたかを確定するのは困難だが、「丹波国の余社郡」という記述から、おおよその範囲を推測することはできる。というのは、『続日本紀』に、「丹波国の（加佐・与佐・丹波・竹野・熊野の）五郡を割きて、始めて丹後国を置く」（和銅六年〈七一三〉四月三日、五つの郡名は国史大系本の補入）という記事があり、それに従えば、雄略紀にある「丹波国」は、和銅六年に丹波と丹後の二国に分割された。そして、浦島子の住んでいたという余社郡（『続日本紀』では「与佐」）は、和銅六年の分割後は丹後国に編入され、それ以降、ずっと変わっていない。したがって、雄略紀で余社郡が丹波国となっているのは、この記事が和銅六年以前に書かれたからである。

「別巻」とはなにか

重要な点は、末尾の「語は別巻に在り（語在別巻）」という注記からみて、雄略紀の記事が、「別巻」と称する先行文献をもとに書かれたらしいということである。また、この記事が和銅六年四月以前に書かれたとすれば、和銅六年五月に官命が出された、いわゆる風土記編纂の時期よりも前の資料であり、『万葉集』第三期から第四期前半（七二〇〜七三〇年頃）の歌人とみなされる高橋連虫麻呂《むしまろ》が「浦島子歌」（巻九、一七四〇番歌）を作った時期よりも古いということになる。

そこから推測すると、雄略紀に「別巻」とある作品は、丹後国風土記逸文として遺されている「浦島子」物語や、『万葉集』巻九の浦島子を詠んだ長歌に先行して存在したことになり、「別巻」が現存する文献を指しているのではないということになる。しかも、雄略紀に、わざわざこうした注記をするというのは、日本書紀の編纂者たちにとって、「別巻」と呼ばれる書物は周知のものであったとみなければならない。

付記すれば、雄略紀の「語は別巻に在り（語在別巻）」という注記については、いくつかの論考がある。それによれば、日本書紀の各所に、「語は○○天皇紀に在り（語在○○天皇紀）」とか、「事は具《つぶさ》に○○天皇紀に在り（事具在○○天皇紀）」という「語在別巻」と同様の注記が存在するが、この形態は中国史書の体裁を借りたものである（小島憲之『上代日本文学と中国文学』中）。また、日本書紀にある「語在○○」の全用例を検討した藤井貞和によれば、一例を除いて、それぞれ指示された天皇条に該当する記事を見出せるという（『物語文学成立史』）。

そうした先行研究を踏まえれば、これらの注記が日本書紀の各巻相互の所在を示すものだというのは明らかである。そこからみると、「語在別巻」も、藤井が言うように、「日本書紀の雄略巻以外の巻のことか、または日本書紀の付録に『別巻』があり、そこに叙述されている」ということを示す注記とみなしうる。ところが、日本書紀の雄略紀以外の巻に、該当する記事は見当たらない。また、日本書紀には散逸した「系図」以外の「別巻」が存在したという事実も認められない。

そのために、ここにいう「別巻」とは、日本書紀とは直接の関係をもたない書物と考えるのが一般的な見解となっている。たとえば、浦島子についての物語（「浦島子伝」とでも称すべき書物）が日本書紀の編纂される以前に書かれ、人びとにもよく知られており、その仮称「浦島子伝」を「別巻」と呼んだと、藤井貞和は考えている。しかし、日本書紀とは無関係な書物を指して、国家の正史が「別巻」という注記をしたとみるのは、大いに疑問である。

日本書紀が別の書物を引用する場合、神代巻をはじめ各巻に、「一書《あるふみ》に云く（一書云）」「或書《あるふみ》に云く（或書云）」という形式が見出せる。これは、日本書紀編纂の原資料となった文献をさすもので、日本書紀に解体吸収されたものだから固有の書名を記さなかったか、固有の書名をもたない記録類であったと考えられる。

しかし、それ以外の書物を引用する場合には、「日本世記《にほんせいき》に云《いは》く」とか、「伊吉連博得《いきのむらじはかとくの》書《ふみ》に云く」というふうに、固有の書名を記すのが日本書紀の通例である。「別巻」という名称が固有の書名としてあったのなら別だが、そうとは考えられないから、雄略紀にいう「別巻」は、日本書紀の他の巻か、構想中の「日本書」のある巻を指しているとみなければならないのである。

伊預部馬養の創作

丹後国風土記《たんごのくにふどき》逸文として遺された「浦島子伝」の冒頭部分に、「是《これ》は、旧《もと》の宰《みこともち》、伊預部馬養連《いよべのうまかひのむらじ》が記せるに相乖《あひそむ》くこと無し。故《かれ》、略《おほよそ》所由之旨《ことのよし》を陳《の》ぶ」と記されている。この「伊預部馬養連が記せる」書物こそ、雄略紀にいう「別巻」に違いないとわたしは考えている。

おそらく、七世紀末に、伊預部馬養という知識人によって書かれた作品として「浦島子伝」は存在した。そして、この書物は、「日本書　伝」の一部として位置づけられていたと考えられる。それは、「日本書　伝」の一部に収めるために書かれた作品であった。

伊預部馬養という人物は、先に名前を挙げたように（本書、三〇頁）、律令の撰定と、撰善言司に携わった官僚である。そのほか、確認できる馬養の経歴や業績として、時期は不明だが、分国前の丹波国の「宰（国司）」の経験をもっていた。位は従五位下《じゅごいのげ》で、それほど高くないが、晩年には「皇太子学士」に任じられ、『懐風藻』に漢詩も遺している。

そうした経歴からみて、伊預部馬養という人物が、中国の法や文学に通じた学者であったことは明らかである。しかも、神仙思想《しんせんしそう》にかなり深く傾倒していたらしいことは、「浦島子伝」や『懐風藻』に載せられた漢詩から窺える。また、後世の文献だが、『大同類聚《だいどうるいじゅう》方《ほう》』（十世紀末頃の成立）巻十五に、「伊与陪薬、伊与部連馬養ノ家ノ方」とあるのも、漢籍の知識に秀でた馬養の性格を示す記事と言えるだろう。

そのような、律令と史書の両方に関与した官僚学者の手によって創作されたのが、神仙小説「浦島子伝」であった。それは、持統朝から文武朝初頭に成立したとみられる。しかも、馬養が、律令の撰定や史書の編纂に参画する人物であるところからみると、「浦島子伝」という書物は、企図されていた「日本書　伝」に加えられる予定の作品であったという推測は、十分にありうることであろう。

なぜなら、『漢書』の「列伝」にあるのと同じように、日本においても、何百年も生きた仙人が実在し、その事跡が「日本書」には記されていなければならないからである。馬養は、のちに編纂される予定の「日本書　伝」に掲載するために、三百年の時間を生きた浦島子による仙境《せんきょう》訪問譚《たん》「浦島子伝」を書いたのである。そのために、「日本書　紀」として書かれた雄略紀に、「語在別巻」という注記が付けられた。

ところが、「志」と「伝（列伝）」が完成しないままに、「日本書」の構想は頓挫《とんざ》してしまう。そのために、雄略紀に「別巻」とありながら、該当する巻が存在しないという齟齬《そご》が生じてしまった。そして、そのままであれば、誰にも知られないままに消えてしまったのであろうが、伊預部馬養が書いた「浦島子伝」は、運がいいことに、国司を勤めていたという縁だろうか、あるいは舞台が与謝郡であったためだろうか、丹後国風土記に引用されて、その「大概《おほよそ》」が遺されることになったのである。

歴史書の構想

七世紀初頭から八世紀のはじめまで、およそ百年間、律令の編成と歴史書の編纂がくり返された。それは、日本列島に産声をあげた律令国家が、大陸の強大な国家にならい、それに対抗しようとして背伸びをしながら制度を整える営みであった。

本書の主題となる歴史書にかぎっていうと、わたしたちの前には、日本書紀と風土記という書物しか残されていない。しかし、その背後には、さまざまな試みがなされ、さまざまな挫折があった。そして当初、律令国家の中心に据えられたのは「日本書」の構想であり、それが七世紀という時代を貫いて存在した歴史認識であった。

さて、ここまで論じてきたわたしは、史書の編纂をテーマにしながら、「序」の一部をとりあげた以外には、古事記にまったくふれてこなかった。けっして忘れていたわけではない。それとは逆に、日本書紀を論じ、「日本書」を論じ、風土記の編纂を論じながら、頭の片隅では、古事記のことを考えていたのである。しかし、考えれば考えるほど、律令国家の史書編纂の流れの中に、古事記を引き出すことができなかったのである。

このあとの論考で徐々に明らかにしたいと思っているが、古事記という歴史書は、律令国家とはなじまない部分が、あまりにも多すぎる。天武十年三月の史書編纂事業の命令と、古事記「序」に書かれた天武の史書編纂への意志と、その両者を矛盾なく受け入れることは、わたしには不可能であった。

そのために、律令国家の史書編纂について考えようとした本稿では、古事記はいったん棚上げして論じる以外に方法はなかったのである。古事記については、律令国家とはべつのところに安住の地を見出さなければならない、それが本書の、これ以降の課題である。

日本書紀の方法

国家を叙述する

日本書紀の神話叙述

過ぎていった時間

過ぎていった時間をおのれのものとしてとどめようとする意志が、歴史を創り出す。それは未来をも掌握しようとする意志をもつという点で、おそらく国家の営みとしてしか存在しない。当初構想された「日本書」は完成しなかったが、「日本書　紀」としての日本書紀が養老四年（七二〇）に奏上された。それは、律令国家を根拠づける史書として、法＝養老律令とともに国家を支える両輪となった。

日本列島に誕生した律令国家における史書の構想について論じた前稿「『日本書』の構想」を承《う》けて、ここで展開したいのは、日本書紀の歴史叙述についてである。もちろん、国家が成立する以前に、あるいは文字が移入される以前に、広義の歴史は存在したはずだ。

しかしそれは、「過ぎていった時間」を叙述する歴史ではなく、くり返される時間を説明する起源譚や由来譚であったとみたほうがよい。

くり返される時間とは、「とし」という日本語が「実り」の意味をもつとともに、その実りをもたらす循環する時間をあらわす「年（一年）」の意味をもつということに、よく示されている。わたしたちの暮らしは、年ごとに営まれる円環的な生活に支えられており、流れてゆく時間の中での営みではなかった。ここでは、そうした広義の歴史を考慮しつつも、論述の対象となるのは、律令国家において書かれた歴史書・日本書紀である。

三巻のうちの上巻を神話叙述に充《あ》てる古事記の場合、カムヤマトイハレビコ（神武）以下の天皇の代と、その前に配された神々とは、系譜の上では連続しながら、神の世と天皇の代は峻別され分断されている。それはおそらく、語られている神々の世の事跡は始源の出来事としてあり、イハレビコ以下の天皇たちの時代の出来事は、神の世に起源づけられ根拠づけられたものとして認識されているからである。ちなみに、初代カムヤマトイハレビコについては、歴史としての天皇というよりは、地上を支配することになった天皇家の起源神話という性格を多分にもっており、どちらかといえば、神話的な性格が強いというふうに認識することが必要である。わたしが、『口語訳　古事記』においてカムヤマトイハレビコを神代篇の末尾に置いたのは、そのためである。

それに対する日本書紀の場合、全三十巻のうちの冒頭二巻を「神代」として置き、巻三以降に各天皇の記事を連ねてゆく。そこでは、神の世もまた流れ去った時間のひとこまとして歴史化されているということになる。規範とした中国の歴史書ではけっして描かれることのない神々の時代を日本書紀が叙述するのは、神々の時代からカムヤマトイハレビコへの繋がりを、切れ目なく連続する時間として認識する歴史観をもったためである。

正伝と異伝

日本書紀の神話叙述は、古事記に比べると、雑然としていて流れをつかみにくいようにみえる。しかしそれは、「一書《あるふみ》に曰く」というかたちで、多くの異伝を、正伝《せいでん》（正文）とともに並べているためである。具体的にみると、神代紀《じんだい》二巻の全体は十一の段落に分けられ、それぞれの段落ごとに一本から十一本の異伝を並記している。そのために、通して読もうとすると雑然としているようにみえるが、正伝だけをつないで読めば、神代紀はきわめて明瞭な展開をもっている。

たとえば、国常立尊《くにのとこたち》から伊奘諾尊《いざなき》・伊奘冉尊《いざなみ》にいたる神世七代の叙述（巻一の第一段から第三段）は単純で、それに続いて語られる第四段の、イザナキ・イザナミの二神が天《あめ》の浮橋《うきはし》から磤馭慮島《おのごろしま》に降りて大地を産みなしたあとに続く神々の出生も、古事記のようにたくさんの神名をいちいち列挙することはないままに、三貴子の誕生へと展開してゆく。あいだに挟まれた異伝を除いて、第四段正伝の後半部分と第五段正伝の冒頭部分とをつなげて引用すると、次のようになる。

産《こう》む時に及至《いた》り、まず淡路洲《あはぢのしま》を以ちて胞《え》となす。意《みこころ》に快《よろこ》びざる所なり。故《かれ》、名づけて淡路洲と曰《い》ふ。廼《すなは》ち大日本豊秋津洲《おほやまととよあきづしま》を生む。次に伊予二名洲《いよのふたなのしま》を生む。……是《これ》に由《よ》りて、始めて大八洲国《おほやしまくに》の号《な》起《おこ》れり。即《すなは》ち対馬島《つしま》・壱岐島《いきのしま》と処処《ところどころ》の小島《をしま》とは、皆これ潮沫《しほなわ》の凝《こ》りて成れる者なり。または、水沫《みなわ》の凝りて成れるとも曰ふ。（第四段正伝）

次に海を生む。次に川を生む。次に山を生む。次に木の祖《おや》、句句廼馳《くくのち》を生む。次に草《かや》の祖、草野姫《かやのひめ》を生む。または野槌《のつち》と名づく。既《すで》にして伊奘諾尊《いざなきのみこと》・伊奘冉尊《いざなみ》、共に議《はか》りて曰《のたま》はく、「吾《あれ》已《すで》に大八洲国《おほやしまくに》と山川草木《やまかはくさき》とを生めり。何《いか》ぞ天《あめ》の下の主者《きみたるもの》を生まざらむ」と。是《ここ》に、共に日の神を生みたまふ。大日孁貴《おほひるめのむち》と号《まを》す。此《こ》の子、光華明彩《ひかりうるは》しくして、六合《くに》の内に照《て》り徹《とほ》る。（第五段正伝）

古事記とは違って、日の神・大日孁貴（天照大神）は、イザナキとイザナミとの性的な交わりによって産みなされる。したがって、イザナキの黄泉《よみ》の国訪問神話や帰還後の禊《みそ》ぎが正伝に描かれることはない。初発の神の誕生から国土の出現、日の神の誕生へという神々の歴史が一直線に見据えられ、横道に逸れようとはしない。それはおそらく、神の世の事跡もまた、巻三以降の編年体による天皇紀と同様に、継起する時間として把握され、論理的・合理的な道筋が準備されているからである。

そうした日本書紀の性格は、天照大神と素戔嗚尊《すさのを》との高天原でのウケヒ産みの場面で、男子を産めば「清　心《きよきこころ》」があり、女子を産めば「濁　心《きたなきこころ》」があるという前提を明瞭に示し、誕生後の「物根《ものざね》」を根拠とした帰属の決定につなぐことによって、正哉吾勝勝速日《まさかつあかつかちはやひ》天《あめの》忍穂耳《おしほみみ》尊が天照大神の血統を受け継いだ正統的な跡継ぎであることを主張する周到さなど、細部の叙述によっても窺い知ることができる（ウケヒ神話における古事記と日本書紀との違い、およびその性格の違いについては、三浦「神語りの表現と構造」、参照）。

出雲神話の不在

そうした日本書紀の神話叙述を象徴するのは、日本書紀には大国主神話が存在しないということである。古事記の場合、出雲に降りたスサノヲがクシナダヒメと結婚するところからはじまる出雲の神々の系譜と、その子孫に位置づけられたオホクニヌシをめぐる一連の出雲神話が、内容からみても分量からみても大きな位置を占めている。

具体的にいうと、オホナムヂと稲羽のシロウサギの神話、八十神《やそかみ》の迫害から根の堅州《かたす》の国訪問による、スセリビメとの出逢いやスサノヲから課せられた試練の物語、帰還後の八十神討伐による葦原の中つ国の統一が語られる。そして、出雲神話の後半では、オホナムヂからオホクニヌシへと名前を変えた主人公がヤチホコという名で登場するヌナカハヒメ求婚とスセリビメの嫉妬を語る「神語《かむがた》り」、オホクニヌシとスクナビコナとの国造りが語られ、そのあいだには、出雲の神々の神統譜が挟まれる。この長大な出雲神話の分量は、古事記神話のおよそ四分の一を占める。

出雲神話は、高天の原から降臨した天つ神ニニギからカムヤマトイハレビコの地上支配へとつながる天皇家の支配の正統性を語る神話の前に配置されている。それは、古事記神話の展開からみると、出雲の強大さを描くことで、そのあとに展開される天皇家の祖先神による地上統一の偉業を強調することになり、そのために出雲神話は重要な位置を占めることになったと説明されるのが一般的である。

しかし一方で、古事記が大きな分量と役割を与えて語り継いだ出雲神話は、それがなくても、国家の歴史を叙述する上で支障はない。そのことは、日本書紀の神話叙述が端的に示している。日本書紀の場合は、後に打倒することを前提とした強大な敵対者・大国主神の栄光を語る必要などないとでもいうように、天照大神——天《あめの》忍《おし》穂《ほ》耳《みみの》尊《みこと》——瓊《に》瓊《に》杵《ぎ》尊

——彦火火出見尊《ひこほほでみ》——鸕鷀草葺不合尊《うがやふきあへず》——神日本磐余彦《かむやまといはれびこ》と続く天皇家の祖先神の事跡と系譜を、継起する時間のなかで直線的に書き継いでゆく。それだけを叙述すればよいというのが、日本書紀の歴史認識なのである。

そして、その代償のように、正伝に対するさまざまな異伝が雑然とした状態で並べられることになった。しかも、異伝の中からも、出雲神話の痕跡を排除しようとしているように日本書紀は読める。「一書に云く」として伝えられる出雲神話は、大国主神と少彦名命《すくなひこな》との国造りと、大三輪《おおみわ》の神の祭祀起源譚の二つだけである。なぜ、これほどまでに、出雲神話を排除し無視しなければならなかったのか。

選ばれた時間

日本書紀にみられる異伝の並記は、日本書紀の編纂に先立って存在した「帝紀」や「旧辞」をはじめ、さまざまな記録類を原資料として客観的な態度で引用しているようにみえる。その態度を小島憲之は、「古事記の『縦』に対して、神代紀の方は、一般に『横』の並列をそのまま載せ、不確実な伝承に対して、『一書曰』、『一云』などと別の説話をあげて共存させる」ためだと述べている（『上代日本文学と中国文学』上、四一〇頁）。しかし、はたして「共存させる」と言えるものかどうか。

じつは、「共存」しているように見えながら、異伝は、日本書紀の歴史叙述からは排除されているのではないか。客観的であるかのように装いながら、自らの歴史と時間は「正伝」の中にはっきりと確保されているのである。それは、巻三以降の歴代天皇の叙述をみればわかるだろう。そこには、異伝を見出すことはほとんどなく、天皇にまつわる唯一の伝えが時間の順序に従って並べられている。

神代紀は、天皇紀へと連なる歴史としてしか存在しない。そこでは、正伝こそが選ばれた唯一の時間であり歴史なのである。そして、それを確認する方法として、異伝とされた「一書」群は、日本書紀に存在させられているということになる。異伝は、正伝に対して、「ある書物（一書）」としての独自性を主張するようには編まれていない、それが日本書紀の叙述の方法なのである。そして、正伝である歴史を支えるための「一書」にも加えられなかった伝承群は、存在さえ消されてしまう。そのようにして、出雲神話は無化されたのである。

天皇像と皇太子像の構想

編年体

巻三以降の各天皇紀は編年体の体裁をとり、それぞれの天皇の事績を中心に国家に生じた事件や制度・事業を年月を追って記述する、それが日本書紀の叙述方法である。どの記事も天皇に焦点を据え、過去を時間軸に繋留《けいりゅう》するかたちで叙述される。それが、それぞれの事績を一回的な出来事として固有化する編年体である。

それに対して、古事記の中・下巻は、そこに登場する天皇たちの固有の像、あるいは歴史のなかに一回化された個体としての天皇像を浮かばせにくい文体になっている。連綿たるものとしての系譜部分を除くと、古事記の中・下巻は、一つ一つの独立した説話の羅列あるいは累積としてしか存在しない。そこでは、それぞれの天皇像は個々の説話の積み重ねによって構想化される。しかし、そこに描かれた出来事は必ずしもすべてが天皇へと集約してゆくわけではないから、絶対的な像を形成しにくい。個々の説話のもつ個別的な語りの視線が解体されないままに、古事記というテクストは構成されているのである。

一方、編年体をとる日本書紀は、経過する年月のなかに個別の説話を解体し天皇の時間によって整序する。そこでは、ひと連なりの出来事を描く説話を分断して別の記事、たとえば池を築くとか外国使節の訪問とかが時間の流れに沿って入り込んでしまう、編年体とはそのような文体である。説話の側からみれば、それは分断といえるが、すべての出来事を等価なものとして時間の継起に従って配置する日本書紀の歴史叙述からみれば当然の方法なのである。

ホムダワケの描き方

具体的な事例をホムダワケ（応神《おうじん》天皇）の記事に求めてみよう。まず、古事記の中巻末尾に配されたホムダワケの記事を列挙すると、次のような展開をとって並べられている。

①后妃皇子女の系譜
②大山守《おおやまもり》命と大雀《おおさざき》命とに兄弟への愛情を問う（後継者の決定）
③矢河枝比売《やがわえひめ》への求婚と皇子誕生

④髪長比売《かみながひめ》の召し上げと大雀命への譲渡
⑤吉野国主《よしののくにす》による大雀命の刀讃め歌謡
⑥吉野国主の服属と歌謡
⑦部の設置と池の築造
⑧渡来人と文化の流入
⑨天皇の死と大山守命の反逆および討伐
⑩大雀命と宇遅能和紀郎子《うぢのわきいらつこ》による皇位の譲り合いと和紀郎子の死
⑪天之日矛《あめのひぼこ》の渡来
⑫秋山之下氷壮夫《あきやまのしたひおとこ》と春山之霞壮夫《はるやまのかすみおとこ》との争い
⑬天皇の子孫と天皇の年齢

応神記を構成する十三の伝承群のうち、⑨⑩はホムダワケ（応神）の死後の話、⑪⑫はホムダワケの介在しない話で、そこにホムダワケという固有の天皇像を浮かび上がらせることはない。しかも、古事記の中核をなしているのは、⑨⑩に詳述されるオホサザキとウヂノワキイラツコによるオホヤマモリ誅伐を発端とする皇位継承の争いである。それは⑧以前の部分にも遡り、④⑤はオホサザキを語るための説話、③はウヂノワキイラツコの誕生物語と読める。②もまたオオヤマモリを含む三人の皇子に関する導入部になっている。とすると、残る記事は①⑥⑦⑧⑬であるが、そのうちの⑥⑦⑧は国家の制度や外交関係の記事で、ホムダワケという個体を抱え込んでいるのは①と⑬とに置かれた系譜記事だけになってしまう。そこから応神記とは何かと問うと、中西進の、「応神記のでき上がる必然性が、仁徳《にんとく》前史を語る必要性に負うところ大であり、仁徳前史として最終的に構成されたものが応神記」だという説明は納得しやすい（『古事記を読む3　大和の大王たち』二二一頁）。極端に言い切れば、オホサザキ（次の仁徳天皇）を語るためにしかホムダワケは存在しないということになってしまうのである。

応神紀の構成

古事記に対して、日本書紀巻十に収められた応神紀の構成は、まったく別の叙述方法をとっている。もちろん、描かれている個々の記事の多くは古事記と共通し、日本書紀の場合も、始祖王的性格・求婚・巡行・服属儀礼・後継者の決定・制度や事業・対外関係などによって構成されている。違うのは、それらの記事のすべてが、応神天皇に集約する出来事として配置されているという点である。

たとえば、古事記のカミナガヒメ譲渡譚（前に掲げた応神記伝承群④）では、天皇が召し上げようとしたカミナガヒメを見て欲しくなったオホサザキが、タケウチノスクネを通して天皇に譲渡を申し入れたのをホムダワケが受諾するというかたちになっている。そして、天皇は宴の席で、二人の関係を知らなかったのを悔やむ歌をうたったりする。それはまるでオホサザキの求婚譚に天皇の間抜けさを添えるという構成になっている。

それに対して、日本書紀の場合には、

ここに皇子大鷦鷯尊《みこおほさざきのみこと》、髪長媛《かみながひめ》を見《め》すに及《いた》りて、其の形《かたち》の美麗《うるは》しきに感《め》でて、常に恋ふる情《こころ》有り。ここに、天皇、大鷦鷯尊の髪長媛を感《め》づるを知《し》ろしめして、配《あは》せむと欲《おもほ》す。（応神十三年九月）

と語られており、天皇自身が皇子の恋情を察知し、自らの意志で女を息子大鷦鷯尊に与えるのである。ここでは、あくまでも天皇を主体として出来事は叙述され、それによって、日本書紀の理想とする天皇像を構築しようとする。

あるいはまた、応神記では発端の系譜に続いて記されていた後継者選びの記事②が、日本書紀では応神紀巻末の、死の前年（四十年正月）に配置されることで、後継ぎを選んで死んでゆく安定した天皇像が完成する。また、古事記では応神天皇の死後にはみ出して語られていた皇子たちの皇位争いの記事を、次の仁徳紀に譲ることで、応神紀に並べられたすべての記事は応神天皇の事績として統一的に掌握されるのである。おそらくそれが、時間（歴史）を所有する支配者としての天皇像を浮かび上がらせる上で必要な、歴史叙述の方法だったのである。

二人のヤマトタケル

こうしたあり方は日本書紀のすべての天皇に関して指摘できるが、もっともわかりやすい事例は、景行紀と景行記とにおけるヤマトタケル伝承の違いである。よく知られた古事記のヤマトタケル（倭建命）伝承の発端では、景行天皇は「その御子の建《たけ》く荒《あら》き情《こころ》」を恐れ、クマソタケル（熊曾建）の討伐にかこつけて皇子ヲウス（小碓命、ヤマトタケルの幼名）を追放する。

古事記に見出せるのは、自らの力を超える息子ヲウスに対する畏怖《いふ》の感情であり、それが物語全体の基調になっている。修復不能な親子の関係を描くところから古事記の物語は始まっている。同じ性をもつ親子（父と息子、妣《はは》と娘）の対立は、伝承の中にはしばしばあらわれるが、それをわたしは平行親子と呼んでいる（『万葉びとの「家族」誌』）。その平行親子の対立を描く典型が、古事記のヤマトタケル伝承である。

それに対して、日本書紀における日本武尊《やまとたけるのみこと》と景行天皇との関係は、従順で勇敢な遠征将軍である皇子と、武器や兵士を与え安否を気づかい、自らの後継者として息子を指名する天皇との、理想的な親子として描かれる。この関係は、国家や家の問題としてみれば理想的なもので、揺るぎない未来を保証するが、物語としてみればまったくおもしろみのない代物である。いい息子とやさしい父では、物語を語れないのは当然だろう。

修復できない父子の対立を根底にもち、自らの苦悩を自覚し深化させてゆく古事記のヤマトタケル像は、国家を逸脱する危うさと魅力を秘めている。そうした構想や展開は、語られる伝承としてあった説話群の「累積」によってもたらされた（三浦「説話累積としての倭建命説話」）。いくつものエピソードを積み重ねてイメージを作ってゆく、それが語りの方法である。

一方の、すべての記事を天皇に収斂《しゅうれん》し、揺るぎない国家と、天皇の絶対的な立場を確認しようとする日本書紀の叙述は、明確な歴史観に裏付けられて出現した。それは、物語のおもしろさを志向するのではなく、いかに安定した国家が出現したかということを語るために必要だったのである。

夭逝する皇太子

「思ふに古今は直立する一の棒では無くて。山地に向けて之を横に寝かしたやうなのが我国のさまである」と言ったのは柳田国男であった（『後狩詞記』序、一九〇九年）。後になって考えれば、この発言は、柳田が民俗学に向かう言挙げでもあったわけだが、日本書紀の歴史叙述は、まさに「直立する一の棒」として存在する。

出来事は決してくり返されることはないし、他の時間を共存させることのない唯一の時間として、日本書紀の歴史は流れてゆく。そして、歴史はつねに発展し発見されるものとして認識される。ある時点に生じた出来事の次には、新たな世界が拓かれなくてはならないというのが日本書紀の歴史叙述なのである。

その継承され更新される歴史を体現した存在が天皇であるわけだが、それを先取りするようにして登場し、新しい世界を開拓して去ってゆく人物像を、何人かの皇太子に見出すことができる。先にふれたヤマトタケルもその一人で、倭建命（古事記）ではなく「日本武尊」と記される皇子は、景行紀に「この位は則《すなは》ち汝の位なり」と天皇から約束され、忠誠を尽くす英雄として「日本」を作り上げ、皇位に即《つ》かないままに死んでいった。つまり、日本武尊は、歴代の天皇たちに先立って「日本」の力を象徴する存在となり、約束された日継ぎの皇子として日本書紀のなかに定位されているのである。

応神天皇の皇子であり、大鷦鷯尊（仁徳天皇）の腹違いの弟として登場する菟道稚郎子《うぢのわきいらつこ》もまた、新たな歴史を切り拓いて夭逝した皇太子の一人である。古事記ではオホサザキの陰に隠れた病弱そうな像しか結ばない皇子ウヂノワキイラツコが、日本書紀では、儒教的な教養を身につけた智者として描かれている。

百済王《くだらのこにきし》、阿直伎《あちき》を遣《まだ》して、良馬《よきうま》二匹を貢《たてまつ》る。…(略)…阿直伎、また能《よ》く経典《ふみ》を読めり。即《すなは》ち太子《ひつぎのみこ》菟道稚郎子《うぢのわきいらつこ》、師《し》としたまふ。(応神十五年八月)

王仁《わに》来《まゐけ》り。則《すなは》ち太子菟道稚郎子、師としたまひ、諸《もろもろ》の典籍《ふみ》を王仁に習《なら》ひたまふ。通《とほ》り達《さと》りたまはずといふこと莫《な》し。(同、十六年二月)

高麗王《こまのこにきし》、使《つかひ》を遣《まだ》して朝貢《みつき》る。因《よ》りて表上《ふみたてまつ》れり。其の表に曰《いは》く、「高麗王、日本国に教《をし》ふ」と。時に太子菟道稚郎子、其の表を読みて、怒《いか》りて、高麗の使を責《せ》むるに、表の状《かたち》の礼無《ゐやな》きを以《も》ちてして、則《すなは》ち其の表を破《やりす》てたまふ。(同、二十八年九月)

右に並べた応神紀の記事によれば、渡来人の学者から儒教の経典(典籍)を習ってすべてを理解し、外国からの上表文の無礼を看破する力量を備えた人物が、菟道稚郎子であった。そして、父・応神の死後、儒教的な徳を論じ合いながら大鷦鷯尊と位を譲りあった後に、「我《われ》、兄王《えのきみ》の志《みこころざし》を奪《うば》ふべからざることを知れり。豈《あに》久しく生きて、天《あめ》の下を煩《わづら》はさむや」(仁徳即位前紀)と言って自殺してしまう。

この人物造型について梅山秀幸は、「菟道稚郎子はこの国で初めて読書の楽しみを知り、君子として、哲人としての統治者の道を歩むはず」の、「まさしく東夷でしかない野の国で文に一歩を踏み出した、その喜びと不幸」を初めて背負った皇子であり、自殺は「儒者としての唯一の方法」だったと述べている（「宇治　暗闇の祭り」）。

パイオニアとしての皇太子

菟道稚郎子の記事を史実とみなして、梅山秀幸は論を構築しているが、それは、日本書紀における菟道稚郎子像の構想と読み換えたほうがよい。そして確かに、日本書紀の菟道稚郎子像は、梅山の読みを可能にする。父・応神を初発として兄・仁徳によって強調される儒教的天皇像を先取りする「知」と「思想」とをもった皇太子として、菟道稚郎子を造型しようとする意図が、日本書紀の編者には強固にはたらいていたとみて間違いないだろう。

こうしたパイオニア的な皇太子像はまた、仏教による「知」と「思想」とを体現し、天皇になることなく死んでいった聖徳太子にも、ほとんど同様に見出せるのである。よく知られている部分だが、次のように描かれている。

生《あ》れながらに能《よ》く言《ものい》ふ。聖《ひじり》の智《さとり》有り。壮《をとこざかり》に及《いた》りて、一《ひとたび》に十人《とたり》の訴《うた》へを聞きて、失《あやま》たず能く弁《わきま》へたまふ。兼《か》ねて未然《ゆくさきのこと》を知ろしめす。（推古元年四月十日）

聖徳太子は、菟道稚郎子によって拓かれた儒教的な知と、新たに渡来した仏教的な知とによって自らの思想を作り上げた皇太子として日本書紀に存在する。前述「『日本書』の構想」で論じたように、「憲法十七条」や「天皇記・国記」の編纂という始源の事業を成し遂げたと語られるのも、そうした「知」と「思想」とを根拠にして可能だったのである。

その「知」が、右に引いた逸話に示されるように、肉体としての「聞く」能力に象徴され、彼は厩戸豊聡耳《うまやとのとよとみみ》皇子と呼ばれる。もちろん、豊聡耳のミミが、もとから聴覚器官としての耳を表していたと結論するのはむずかしいが、少なくとも、右に引いた聞き耳のエピソードが、その名前「豊聡耳」と呼応しあっているのは間違いないだろう。

ただし、日本書紀に描かれる菟道稚郎子や聖徳太子のような皇太子が実在したか否か、そこに描かれている事績が事実であったか否かは問題外である。ここにあるのは、あくまでも正史・日本書紀が構想した皇太子像だということに留意しておく必要がある。

日本書紀という史書は、その時間の節目に世界を拓く皇太子像を置くことで、新たな時代の到来と理想の国家像とを叙述する方法を手に入れたのであり、歴史はそのようにして構想されているということである。それは、説話の羅列と累積でしかない古事記には不可能な歴史認識だったということができるだろう。

管理される歴史

氏族の立場

日本書紀の注釈書『釈日本紀《しゃくにほんぎ》』（鎌倉中期成立）巻一「日本紀講例」によれば、日本書紀が奏上された翌年の養老五年（七二一）、早くも日本書紀の講書《こうしょ》が行われている。その後も、弘仁《こうにん》三、四年（八一二、三）、承和六年（八三九）、元慶《げんけい》二年（八七八）と、頻繁に講書がくり返された。そして、それらの折に書き留められた覚え書が、『日本書紀私記《しき》（日本紀私記）』として残されている。

養老五年の講例については、「律令のごとく実際生活上、官人政治の毎日の運用上不可欠のものであれば、その規則の詳細を説明することは、その運用を円滑ならしめるために必要である。しかし日本書紀は現実の政治に直接必要とも考えられないし、完成の翌年にあわただしく講義を開始せねばならぬ特別の理由が見あたらない」とみて、その実施を疑う見解もある（山田英雄『日本書紀』一九七頁）。しかし、律令がそうであるように、史書もまた律令国家の根拠をなす書物として編纂されたのだから、貴族や官僚たちにとって、学ぶべき唯一の歴史である日本書紀は、律令とともに身につけるべき規範であった。

あらゆる共同体（氏族）を中央集権的な国家のもとに従わせることで、天皇を中核とした祭政秩序の確立を目指した律令国家は、中国から移入した法（律令）と史書との両輪によって、国家秩序の基盤を固めていった。そして、日本書紀として一応の完成をみることになった天皇家を基軸に据えた神話と歴史とによって、祭祀の起源や氏族の出自、国家との関係は一元化され絶対化されたのである。

そこでは、すべての氏族が天皇に隷属する者として位置づけられる。そして、そのように位置づけられたとたんに、それぞれの氏族が固有にもっていた神話や歴史は、国家の側に組み込まれてしまう。もしそれを拒めば、排除されるか解体されるかのどちらかしか道はなくなってしまったのである。

それでも、氏族と国家（天皇）との関係が緊密で揺るぎないものであるかぎり、各氏族の側は国家＝日本書紀を拠りどころとして、自氏の安定した地位を守ることができた。とところが、律令制度に矛盾やほころびが生じ、それ以前に保証されていた自氏の地位や立場に危機感をもつと、秩序の根拠としての国家の神話や歴史と自氏の現状との間に生じた亀裂やずれを補塡しなければならなくなる。そうなると、以前、国家に吸収されてしまった、あるいは吸収されてしまったという幻想によって新たに生み出された、自氏の起源や歴史が問い直されてくることになる。

八世紀末から九世紀にかけて出現した氏族の神話、いわゆる「氏文《うじぶみ》」は、そのような状況のなかで出現した。それゆえに氏文は、反国家的な意識を濃厚に持ちながら、拠りどころとするのが国家の正史・日本書紀でしかないという矛盾を抱え込まざるをえなかったのである。しかし、天皇家と氏族との関係からみて、それは必然的なことであった。

氏文

現存する氏文としては、『高橋氏文《たかはしのうじぶみ》』『古語拾遺《こごしゅうい》』『新撰亀相記《しんせんきそうき》』『先代旧事本紀《せんだいくじほんぎ》』『住吉大社神代記《すみよしたいしゃじんだいき》』などが知られている。『高橋氏文』は神事供奉をめぐる安曇《あずみ》氏との対立を直接の契機として延暦《えんりやく》八年（七八九）に高橋氏によって書かれたが、断簡が残るにすぎない。『古語拾遺』は斎部広成《いんべのひろなり》によって大同《だいどう》二年（八〇七）に書かれたことが明らかで、その契機は中臣氏との祭祀権争いにあった。斎部（忌部）氏の朝廷祭祀における役割の大きさを主張する内容になっている。同じく祭祀氏族である卜部《うらべ》氏の手になる『新撰亀相記』は、天長《てんちょう》七年（八三〇）成立と記しているが、内容からみて後の加筆もあり、記事の信憑《しんぴょう》性などに疑問が出されている。

『先代旧事本紀』は九世紀頃に物部《もののべ》氏の手でまとめられたらしいが、序文に聖徳太子・蘇我馬子《そがのうまこ》の撰録とあるために、十世紀以降、最古の歴史書として重んじられてきた。ところが江戸時代になって、序文は平安時代末に書かれたものと判明し、偽書として退けられてしまった。『住吉大社神代記《すみよしたいしゃ》』は住吉大社の神官である津守《つもり》氏の手によって、十世紀末に、自氏の立場の正当性を主張する目的で書かれている。

これら氏文群は、いずれも各氏族の危機的な状況や不安に触発されて出現したとみてよいものばかりである。しかも、これらの書物を作った氏族のすべてが祭祀に携わる一族であるというのは、彼らが律令国家の中でもっとも不安定な位置に立たされていたということを示している。そして、それらの氏族は、神話を伝える人びとでもあったという点で、氏文を出現させやすい家だったのである。

現存する氏文の多くが、その叙述の根拠に据えるのは、古事記の場合もないとはいえないが、多くは日本書紀である。どの書物も国家の正史・日本書紀に依拠しながら、自氏の固有性と由緒正しさとを主張しようとする。ただし、具体的に検討してゆくと国家神話には記載されていない独自の伝承が確認でき、そこにこれら氏文群の今日的な価値のひとつは求められよう。

たとえば『先代旧事本紀』は、聖徳太子が撰録したという序文と「神代紀」など本文十巻から成り、表記や内容は日本書紀を中心にして、古事記などの引用を加えて構成されている。ただ、巻三や巻五には他の書物には見出せない独自伝承もみられ、巻十「国造本紀」はまったく独自の記事によって書かれている。

その内容がどこまで遡るものかは検討しなければならないし、それらのうちのいくつかは新たに創り上げられた神話だったとしても、そのようにして自らの根拠を語ることの必然性は十分に問われねばならない。時代錯誤的に、なぜ今、神話が要請されるのかというふうに。そして、氏族の側に氏文の編纂を強いたのは、歴史を独占し管理する日本書紀だったというのは明らかである。

弘仁六年（八一五）撰定の『新撰姓氏録《しんせんしょうじろく》』（万多《まんだ》親王ら撰）は、各氏族ごとに、その氏姓の名称の由来・事績・本宗と枝流との関係などを記した書物だが、序文によれば、船《ふねの》史《ふびと》恵尺《ゑさか》によって運び出された燼書《じんしょ》「国記」と、天智朝に造られた「庚午年籍《こうごねんじゃく》」とを、その起源に位置づけている。この書物もまた独自伝承を含みながら、その神名《しんめい》表記をみても、記されている起源伝承をみても、国家の側の歴史叙述を根拠として存在するというのは動かない。現存本の各所に「日本紀合」「日本紀漏」「続日本紀合」などと記された注記を見れば、正史・日本書紀の規範性は確認できるのである。

氏文が祭祀氏族を背景として国家に向き合っているのに対して、寺院や神社あるいは家や個人も、外部に向き合い、寺社の起源や個人の事績を確認し顕彰しようとする。それが、縁起や伝である。

縁起と伝

縁起が盛んになるのは中世のことで、その名称は仏教に由来するが、寺院や神社がその起源や沿革を伝えるという一種の自己主張を必要としたのは、それぞれの寺社が、単一の共同体や氏族に支えられるものではなくなったからである。律令や歴史書によって均質化された国家の中で差別化を図り、独自性と由緒を主張しようとしたのが縁起の発生だということになる。

この時代に書かれた、聖徳太子の伝『上宮聖徳法王帝説《じょうぐうしょうとくほうおうていせつ》』、藤原鎌足の伝『大織冠《たいしょくかん》伝《でん》』（藤原仲麻呂撰）、鑑真《がんじん》の苦難を描く『唐大和上東征伝《とうだいわじょうとうせいでん》』は、個人が、共同体や氏族を越えた存在として認識される状況から生み出されたものだということになる。そして、直接的なつながりは追えないとしても、前稿「『日本書』の構想」に論じたように、これら個人の「伝」の淵源は、構想された「日本書　伝」に遡るはずである。

一方、七世紀末から八世紀にかけて、実在した人物の「伝」とは別に、フィクションとしての伝も書かれている。雄略紀二十二年七月条に記された浦島子による蓬萊山訪問譚は、「語《こと》は別巻に在り」と注記されている通り、「浦島子伝《うらしまこでん》」とでも題された作品が存在し、それをもとに叙述されていることを窺わせる。それはおそらく、七世紀末に伊預部馬養《いよべのうまかい》という知識人によって創作された神仙伝奇小説であり、馬養の経歴から考えると、この作品も史書「日本書　伝」の構想と無縁ではなかった（本書、四七頁以下参照）。

その他、味稲《うましね》（美稲とも）という漁師が、吉野川を流れてきた柘《つみ》の枝（山桑の枝をいう）から化身した仙女と邂逅《かいこう》するという幻想的な作品「柘枝伝《つみのえでん》」の存在も、『万葉集』の短歌や左注（3三八五～七、および三八五番歌左注）、『懐風藻』の漢詩（紀男人「吉野川に遊ぶ」、丹墀《たじひ》広成「吉野の作」）などから推測することができる。この作品も「浦島子伝」同様、中国から輸入された神仙思想を背景にして漢文体で書かれた神仙伝奇小説であった。

「浦島子伝」も「柘枝伝」も、その原本は現存しないが、「浦島子伝」の場合、伊預部馬養の原作を簡略化したと考えられる丹後国風土記逸文所引の「浦島子伝」をはじめ、平安時代に増補改稿された漢文伝『続浦嶋子伝記《ぞくうらしまこでんき》』（承平《しょうへい》二年〈九三二〉）などが現在に伝えられており、おおよその原形を窺うことはできる。架空の存在であるはずの浦島子だが、日本書紀では実在の人物として叙述されており、単純にフィクションとして歴史から切断することはできない。おそらくそこには、日本書紀の歴史叙述とは何かという問題が暗示されているだろう。

歴史書の編纂

歴史とは、始まりがあって次々に出来事が生じて今に至るという、直進的に継起する時間を認識する方法である。それは、過去を過ぎ去ったものとして掌握することによって、今と未来とを保証する。変転を記すことによって、揺るぎない不変が見据えられてゆく。

一方、起源神話の場合、神話に語られる出来事は「今」と直結することによって、今と未来とを保証する装置としてはたらいている。そこでは、始まり＝起源の時と今との間に継起したはずの、あらゆる出来事を接続する時間回路は遮断されている。というより、起源はくり返される始まりとして「今」に対置されているのだから、両者をつなぐ回路としての継起する時間は必要はないと言ったほうがよい。

それゆえに、歴史書への企てが古代国家の成立とともに始められることになったというのは必然である。そして、そのもくろまれた歴史は、漢字という、時間や空間を超えることのできる技術によって支えられる。この章で述べてきたのは、そのような文字によって可能になった歴史叙述の方法である。

ただし、日本書紀の各天皇紀は、すべてが均質な叙述をとっているわけではない。前半部分には古事記と同じ内容の説話も多く、それは「帝紀」「旧辞」などの原資料を共通にするためと考えてよい。当然、背後には語り継がれた伝承世界が横たわっており、その意味では歴史叙述と説話とは不分明なかたちで混在している。

ところが、欽明紀（巻十九）以降になると、「旧辞」的な世界との訣別が図られる。対外関係の記載が多くなり、事件や出来事を列挙したような記事が増え、海彼《かいひ》の文書が引用されるようになる。そして、舒明紀《じょめいき》（巻二十三）あたりからは、天災や気象異変、瑞祥記《ずいしょうき》事などが目を引くようになり、斉明紀《さいめいき》・天智紀には「伊吉連博徳書《いきのむらじはかとこがふみ》」「難波吉士男人書《なにはのきしをひとがふみ》」「高麗《こま》の沙門道顕《しゃもんだうけん》の日本世記《にほんせいき》」などといった個人の記録類も引用される。こうしたありようからは、編纂者の手元に多数の史料が存在し、それらを元にして史書が編纂されていったことを窺わせるのである。

事実と歴史

もちろん、日本書紀の後半に置かれている記事が事実を映しているかどうかは容易には決められない。ただ、事件や出来事を忠実に記録しようとする意志が明瞭なかたちで現れているということはできるだろう。

記述された歴史から、事実とは何かを問うことは困難な作業であり、事実というレベルでいえば、日本書紀後半の記事もあいかわらず歴史叙述と説話との未分化状態に置かれている。というより、歴史叙述とは、いつも「物語」を背負ってしか存在しないということだ。歴史叙述と物語との関係について、野家《のえ》啓一は、「過去が想起と不可分であるように、歴史的出来事もまた歴史叙述から独立に論じることはできないのである。歴史的出来事は、物語行為によって語り出されることによってはじめて、歴史的事実としての身分を確立することができる」と述べている（『物語の哲学』一一五頁）。

いかなる事件、いかなる出来事も、文字やことばを経過したとたんに、事実から乖離してゆくという宿命を背負いこんでしまう。

庚午《かうご》に、皇子大津《みこおほつ》を訳語田《をさた》の舎《いへ》に賜死《みまからし》む。時に年《とし》二十四なり。妃《みめ》皇女《ひめみこ》山辺《やまのへ》、髪を被《みだ》し徒跣《すあし》にして、奔《はし》り赴《ゆ》きて殉《ともにみまか》る。見る者《ひと》、皆《みな》、歔欷《すすりな》く。

皇子大津は、天渟中原瀛真人《あまのぬなはらおきのまひと》天皇の第三子《みこ》なり。容止《みかほ》墻《たか》く岸《さが》しくして、音辞《みことば》俊《すぐ》れ朗《あきらか》なり。天命開別《あめみことひらかすわけ》天皇の為《ため》に愛《めぐ》まれたまふ。長《ひととなる》に及《いた》りて弁《わきわき》しくして才学《かど》有《ま》す。尤《もと》も文筆《ぶんぴつ》を愛《この》みたまふ。詩賦《しふ》の興《おこ》り、大津より始れり。（日本書紀、持統称制前紀、朱

鳥元年〈六八六〉十月三日）

山辺皇女《やまべのひめみこ》の殉死《じゅんし》も、大津皇子《おおつのみこ》の伝も、謀叛《むほん》人に対する記述としてみればいささか奇異なものにみえる。おそらくここには、何らかのかたちで編纂者や伝承者の側の大津皇子に対する同情や哀惜《あいせき》が潜められているはずである。

山辺皇女の殉死の描写、「髪を被し徒跣にして、奔り赴きて殉る。見る者、皆、歔欷く（被髪徒跣、奔赴殉焉、見者皆歔欷）」が『後漢書』の表現を借りたものだという指摘を踏まえると（小島憲之『上代日本文学と中国文学』上、三四〇頁）、その叙述が事実か否かを問うことなど、ほとんど無意味だということは明らかである。

漢字

当然のことだが、漢字という表記手段の獲得は、単に文字の問題ではなく、その背後に累積された文献や文化や思想や感情のすべてを背負い込むことでもあったということを、わたしたちはきっちりと認識する必要がある。すでに綿密に、日本書紀の叙述には『史記』『漢書』『後漢書』『三国志』などの歴史書、『文選《もんぜん》』や類書『芸文類聚《げいもんるいじゅう》』、『金光明最勝王経《こんこうみょうさいしょうおうきょう》』をはじめとする仏典など、あらゆる漢籍が引用の対象になっているということが明らかにされている（小島、前掲書）。

あるいはまた、日本書紀の音仮名表記の分析から、日本書紀筆録の段階に中国人が参画しているということも指摘されており（森博達『古代の音韻と日本書紀の成立』、同『日本書紀の謎を解く』）、日本書紀の歴史叙述が外部からもたらされたという側面はきわめて大きいのである。

しかし、そうでありながら、日本書紀という歴史書が八世紀初めに成立しえたのは、一方に累積された説話群や伝承群を抱え込んでいたからであり、くり返された史書編纂の試みは、そうした外部と内部とのせめぎ合いでもあったのである。ただし、日本書紀は、古事記に見出せるような伝承性を表面から消し去ることによって、歴史書として成立したというのは間違いないことであり、そのことは重要な認識だと言えよう。古事記と日本書紀とでは、向かっている方向がまったく違うのである。

古事記が律令国家の要請によって編纂されたとは、とうてい考えられないということは、前稿「『日本書』の構想」にもふれたところである。日本書紀とはまったく別のところに、古事記は存在したに違いない。それがどのような場であり、どのような性格をもっていたかということは、次の「古事記の成立」において詳しく考察するつもりだが、ここでの考察によって、日本書紀の歴史叙述がいかなるものであったかということは、ひとまず確認できたのではないかと思う。

古事記の成立

七世紀の本文と九世紀の「序」

古事記偽書説について

律令国家における歴史書の編纂を、「日本書」の試みとして考えてきた。その考察を踏まえて、ここでは古事記について考えてみたい。

古事記の居場所

わたしにとって古事記は、今や四十年来の友ともいえる存在である。しかし、古事記そのものを論じるというよりは、古事記に語られている神話や伝承の分析に向かうことが多い。古事記を読むことこそが古事記研究だという立場もあるが、わたしはそうした狭隘《きょうあい》な発言に加担したいとは思わない。

必要に応じて、わたしは古事記を読むし、古事記を拠りどころとして、その先に見出せる古代を考えようとする。そして、そうした作業を通して、古代ヤマトにおける表現がいかなるものであったかということを考えたいと思う。そうでありながら、古事記という作品の成立にも興味があり、その表記や文体にこだわるという方法も棄てたくはない。要するに、その時々に、考えてみたい方向は動いている。

そうしたわたしにとって、どうしても理解できないのは、古事記がいつ、なぜ、書かれたかという成立にかかわる問題である。古事記には「序」が付いているが、この「序」の通りに古事記を理解したのでは、とんでもない誤りを犯すのではないかという印象がだんだん強くなり、今はもう、それを抑えられなくなった。わたしの疑問はたぶん、歴史書の成立に興味を持ちはじめたことと呼応しているのだと思う。

本書前半の、「『日本書』の構想」と「日本書紀の方法」で論じたようなことを考え始めて十数年になる。すでに述べた通り、古代律令国家は、当初「日本書」を構想しており、その結果として、「日本書　紀」としての日本書紀が誕生した。そのように説明すると、七世紀から八世紀初頭にかけての律令国家の歴史認識は、きわめて明瞭に把握することができるのである。

ところが、国家の正史としての「日本書」の構想を前面に押し出せば押し出すほど、古事記は律令国家から消えてしまう。つまり、古事記の居場所は、律令国家にはないということが鮮明になってしまうのである。とすると、古事記のような魅力的な伝承をもつ歴史書がなぜ作られたのか、あるいはどこで作られたのか。

わずか八年を隔てて、古事記と日本書紀が共存するということは可能か、可能なら、両者はどのような関係にあるのか。共存できないのだとすれば、古事記はどのような作品か。それを明らかにしないかぎり、古事記も日本書紀も、その本質をとらえられないのではないかと思うようになった。ここまで、「日本書」の構想について論じ、正史・日本書紀がいかなる性格をもつかということについて論じてきた。それを承けるかたちで、以下、古事記の成立について考えてゆくことになる。

太安万侶の墓誌

右のような疑問を古事記に対して向けると、それは、古事記偽書説かと思われるかもしれない。そして、古事記という作品は、かなりあやしげな書物ではないかとわたしは考えている。とくに、上巻の冒頭に付された「序」については、今までも疑いの目を向ける人は多かった。わたしがここで論じようとするのも、古事記「序」への疑いに端を発している。

今までも、「序」はもちろん、本文も含めた古事記偽書説はさまざまなかたちで提起され、それに対する反論も多くの研究者によってなされてきた。たとえば、大和《おおわ》岩雄『古事記成立考』は、古事記偽書説を集大成し、古事記の成立に疑いの目を向けた、すぐれて批判的な論考だと評価できる。また、古事記研究の第一線で活躍した研究者たちによる、古事記偽書説とその反論を集めた『論集　古事記の成立』(倉野憲司ほか)も刊行されている。それらの本が出た一九七〇年代後半、今から三十年ほど前には、古事記の成立にかかわってずいぶん活発な議論が展開されていた。

その頃、古事記研究に足を突っ込んで間のないわたしは、古事記が和銅五年(七一二)に成立したことにまったく疑いなどもたず、古事記研究と伝承研究を進めていた。その当時は、偽書論にはほとんど興味を持っていなかったのだが、古事記研究の中で、偽書論がそれなりの位置を占めているということは意識していた。そして、今思い返すと、あの時代は、古事記研究にとって、ずいぶんおおらかで幸せな時代だったのではないか。

右の二書の版元が大和《だいわ》書房で、その社主が大和岩雄であるということを考えると、『論集　古事記の成立』が大和の仕掛けであっただろうということは十分に推測できる。それにしても、偽書説が大手を振るってまかり通り、一方で古事記研究が深化してゆくというのは、奇妙でありつつ、健全な研究状況を示していると思えて仕方がない。そして、疑いのないところに学問は育たない。

ところが、突然、古事記偽書説は、研究者の議論の中から消えてしまった。それはまさに忽然と、と言っていいような消えかたであったが、理由ははっきりしていた。まったく突然に、太安万侶《おおのやすまろ》の墓誌が発見されたからである。

一九七九年一月、奈良市此瀬《このせ》町の傾斜のきつい茶畑から、太安万侶の墓が掘り出され、銅板に彫られた墓誌が見つかったというニュースは、一般の人びとにも大きな話題になったが、古事記研究者にとっては未曾有《みぞう》のといってよい大発見として騒がれた。そして、そのニュースに踊らされて、研究者は舞い上がり、自分を忘れてしまったのである。その墓誌には、次のような文字が彫られていた。

左京四条四坊従四位下勲五等太朝臣安萬侶以癸亥
年七月六日卒之　　養老七年十二月十五日乙巳

平城京の左京四条四坊に住む従四位下勲五等《じゆしいげくんごとう》太朝臣安万侶《おおのあそみやすまろ》が、養老七年（七二三）七月六日に死去した、そして、同年十二月十五日に埋葬された。書かれていたのは、それだけである。墓誌が出現する以前から、『続日本紀』養老七年七月庚午（七日）条に、「民部《みんぶ》卿《きやう》従四位下太朝臣安麻呂《おほのあそみやすまろ》卒《しゆつ》しぬ」とあって、安万侶の死はだれもが知っており、とくに目新しい情報がいくつもあったわけではない。

墓誌と『続日本紀』とでは死亡日が一日ずれているとか、平城京の左京四条四坊に住んでいたとか、埋葬されるまでに五ヵ月ほど間があったとか、そのような情報を新たに入手することはできた。しかし、古事記に関して何かが判明したわけではなかった。それでも、古事記研究者には驚きだったらしい。一挙に、偽書説は雲散霧消したのである。

稗田阿礼《ひえだのあれ》の墓誌が見つかったというなら、古事記についての議論が活発になるのはわかるし、偽書説が封じこめられるのも理解できる。しかし、安万侶（安麻呂）については、彼が実在したのはわかっていたわけで、その墓誌が見つかったということと古事記が和銅五年に奏上されたのが事実であるということとのあいだには、何の因果関係も存在しない。それなのに、一部に仕込みはあったとしても、直前までにぎわっていた古事記偽書説は完全に鎮静化してしまったのである。もちろんそこには、古事記を偽書だとみる主張に進展がなかったということもあるかもしれない。しかし、墓誌の発見が偽書説に冷や水を浴びせ、その結果、偽書説は葬り去られたというのは確かであった。

偽書説の消滅

しかし、果たして偽書説は潰《つい》えたと考えてよいかどうか、わたしには疑問が払拭できない。なぜなら、奈良市の郊外の山中の茶畑から安万侶の墓誌が見つかったからといって、偽書説は消滅したというような発言は、論理的に成り立たないからである。太朝臣安万侶という人物が実在したということは、はじめからわかっていたわけで、誰も存在を疑っていたわけではない。したがって、安万侶の墓誌が出土しようとしまいと、古事記の存在証明にかかわる疑惑に、ほとんど変化はないのである。

七世紀の史書編纂の動きを踏まえて、古事記という作品を考えた時、わたしにとってもっとも理解しやすいのは、上表文の形式をとった「序」はあとで付け加えられたもので、古事記本文は和銅五年よりも古いと考えることである。しかし、その「序」をはずすと、古事記という作品は、まったくの根無し草になってしまうのも事実である。

古事記にとって、「序」は、自らのアリバイを証明する唯一の証拠として機能している。「序」がなければ、成立年はもちろん編纂者や成立事情は、何もわからなくなってしまう。そうなった時、古事記はいったいどのような書物とみなすことができるのか、それが大問題なのである。

考えてみれば、それはとても恐ろしいことである。まるで記憶喪失者のように、自らの存在を証明できないままに、古事記は人びとの前にさらけ出されてしまう。そうなりたくないのは、古事記という作品ではなく、古事記を研究するわたしたちであった。だから、太安万侶の墓誌が出現したとき、これ幸いと偽書説を放擲《ほうてき》してしまったのではなかったか。

偽書説さえなくなれば、研究者が路頭に迷うこともなくなるからである。

しかし、古事記に対する疑惑には、何も変化はない。相変わらず疑わしさは払拭できないし、古事記と日本書紀とが並んで存在することについて、説得力のある説明をできる者はいない。それをこのまま放置しておくことは、古事記研究にとって不幸なことであると言わざるをえない。そして、お節介なわたしは、あまりに危機感がないままに古事記を研究することに警鐘《けいしょう》を鳴らしておく必要があるのではないかと考えたのである。

古事記というのは、好事家《こうずか》が古写本や版本を撫でさするように、一心に愛をそそいで安穏と研究対象にしていい古典ではないはずだ。古事記がとても危険な書物であるということを忘れるべきではない。そして、戦前における「神典」視は、古事記の真実を見抜けなかったところに生じてしまったのである。そこから考えても、真実を見きわめることこそが必要なのである。

従来の偽書説

まずはじめに、これまでに提起された古事記偽書説の、おもな論点を整理することから始めたい。つぎに掲げる十ヵ条は、西條勉「偽書説後の上表文」において、今までに出された偽書説の根拠をわかりやすく整理したものを拝借した。

①続日本紀に撰録の記事がない。
②古事記が日本書紀に引かれていない。
③平安時代まで他書で存在が確認できない。
④序といいながら上表文の体裁をとる。
⑤署名が不備である。
⑥稗田阿礼が疑わしい。
⑦序文の壬申の乱の記事が日本書紀に基づいている。
⑧本文に平安朝でなければ書けない記事がある。
⑨本文の万葉仮名が奈良朝以後の用法である。
⑩序文の日付は仮託されたものである。

これらが、古事記が偽書であると主張する上で、有力な根拠になってきたことがらである。そして、西條勉は、右の十ヵ条の一つ一つについて否定し、最終的に偽書説が成り立たないということを証明した。その論述に、わたしも基本的には賛成である。ことに本文については、偽書説が成り立たないというのは明らかである。

右の十ヵ条の偽書説の根拠を眺めてみると、大きく二つに分けられることに気づく。そこには、古事記「序」にかかわる疑惑（①②③⑧⑨）と、二つの発言が入り混じっているのである。そこで、ここではその二つを区別した上で、論述の都合上、まずは古事記本文にかかわる疑惑（④⑤⑥⑦⑩）と、古事記本文にかかわる疑惑について考えるところからはじめたい。

古事記本文への疑惑

古事記本文にかかわる五項目の疑惑のうち、①②③についていえば、これらはいずれも、古事記本文が偽書であるという理由にはならない。①のような、古事記撰録のことが『続日本紀』に書かれていないのは、古事記が存在しなかったからだという論理が成り立たないのは明らかだろう。なぜ記されなかったのかはさまざまに考えられるだろうが、単刀直入にいえば、記録する必要がなかったから『続日本紀』には出てこないのだというのがいちばんわかりやすく、説得力のある説明である。古事記を、「序」に書かれているように、天皇の命令を受けて奏上された書物だとすれば、『続日本紀』に記されるのは当然かもしれない。しかし、その「序」が疑わしく、天皇の命令などなかったとすれば、歴史書に記録されることなどありえない。

また、平安時代まで他書に出てこないという疑惑③は、古事記の引用をどのように理解するかという点で意見がわかれる問題である。そして、この疑惑の前提のところで反論しておけば、①と同様に、他の書物に引用されないから古事記は存在しないという論理は成り立たない。存在証明ができないということと、存在しなかったということとはまったく別のことである。

しかも、引用されていないかどうかだが、『万葉集』にある「古事記曰、……」（巻二・九〇番歌題詞）とある軽太子《かるのひつぎのみこ》と衣通《そとおり》王との恋物語の引用を無視することはできないだろう。引用に際して用いている文字が違うから、『万葉集』にある「古事記」は今の古事記とは別の書物だというような主張は、七、八世紀において引用はどのように認識されているかという考証なくしては、とうてい成り立たない言いがかりになってしまう。

それと同様に、日本書紀が正伝（正文）や一書の中に古事記を引用していないから偽書だという疑惑②も成り立たない。ほんとうに引用していないのなら、それは存在が知られていなかったのかもしれないし、引くに値しないものと日本書紀の編纂者は考えたのかもしれない。いずれにしても、①～③に共通することだが、存在が確かめられないから偽書だと言えないのは自明である。また、日本書紀の一書のなかには、古事記ときわめて近い内容をもつ資料が含まれているということは確認されており、それが古事記からの引用だとするなら、引用されていないという③の項目自体が成り立たないということになる。これは、②にも③にも当てはまることだが、引用というのが、わたしたちが考えるように厳密になされ、一字一句を変えないで書き写すことであったかどうか、その点から考えてみる必要があるはずだ。

話題を展開して、平安時代でなければ書けない記事があるという⑧の理由はどうかと言えば、たしかにのちの時代に部分的に追加や挿入がなされたというようなことはあったかもしれない。しかし、そのことが、古事記本文の成立を平安時代まで下げなければならないという根拠にはならないのである。

万葉仮名の用法

古事記本文の万葉仮名の用法が新しいという疑惑⑨も、納得できるものではない。万葉仮名の新しさについては、ごく最近の偽書説の中にも生きており、歴史学者の岡田英弘が、大和岩雄『古事記成立考』の見解を踏まえて強調している（『倭国の時代』、『歴史とはなにか』など）。しかし岡田の発言には、どこかに勘違いがあるとしか思えず、説得力を欠いた議論に終始している。

たとえば、古事記本文に用いられた音仮名と『延喜式《えんぎしき》』祝詞《のりと》に用いられた音仮名とが近いものだと大和や岡田は主張する。それは、古事記と祝詞との用字が似ているということを示すものではあるが、だからといって、偽書説論者が主張するように、その用字が奈良時代以降の用法であるということにはならないのである。

最近の文字研究によれば、古事記は、「少数の使用度の高い字を選んで」用いており、それは、「はれ」と「け」の違いはあるが、木簡の用字とも似ているということが明らかになっている（犬飼隆「古事記と木簡の漢字使用」）。この点は、古事記に用いられた万葉仮名の場合も同じで、古事記は、「当時の一般的な万葉仮名の用法に立脚」しており、『日本書紀』の万葉仮名に比較すれば、『古事記』の個々の万葉仮名は『普通の』字体であると犬飼隆は指摘している。

こうした研究は、古事記の本文を考える上で、きわめて重要なものであるが、当面の偽書説にかかわっていえば、古事記の万葉仮名の用字と祝詞の万葉仮名の用字が似ているのは、どちらも、犬飼のいう「普通」の万葉仮名が用いられているからだということになる。祝詞のような、神官がその文字を見て唱える書面に特殊な文字を使うわけはないから、祝詞の用字が、「普通」の文字で書き表した古事記や木簡に似ているのは当然だろう。

このことをわたしなりに検証すると、使用された文字種からも説明することができる。たとえば、『時代別国語大辞典　上代篇』（三省堂）の「上代仮名遣い一覧」を用いて、『延喜式』祝詞に用いられた音仮名の種類を数えると、全部で一四六種の文字が使われている。この祝詞の一四六種の文字と、古事記・日本書紀・『万葉集』に用いられた万葉仮名の文字種の重なりを調べると、次のような数字を引き出すことができる。

古事記の音仮名と一致するもの　一一五文字種（七九％）
日本書紀の音仮名と一致するもの　一二九文字種（八八％）
『万葉集』の音仮名と一致するもの　一四二文字種（九七％）

これだけで結論を出すのは乱暴だが、古事記と祝詞との重なりは、『万葉集』と祝詞、日本書紀と祝詞との使用文字種の重なりよりもずっと少ないのである。この事実からいうと、古事記はもっとも祝詞からは遠いということになってしまう。

ただし、この説明にはトリックがあって、『万葉集』や日本書紀には、祝詞に使われていない文字がたくさんあるわけで、『万葉集』や日本書紀が使用する万葉仮名と祝詞の使用文字との重なりを比べれば、別の結果が出るはずである。

古事記の場合、用いられている音仮名の種類が少ないうえに、犬飼隆が指摘しているように（前掲論文）、単純な（普通の）文字が多く使われている。そして、それらの文字は当然、後代にも頻用されて、ひらがなやカタカナの元になる漢字を多く含んでいるために、祝詞の用字に近いようにみえるのである。とにかく、古事記の使用する文字が新しいという⑨の根拠が成り立たないのは、近時の日本語研究によっても明らかなことである。

以上のように眺めてくると、古事記偽書説の根拠に挙げられている、本文が新しいとする①②③⑧⑨の五項目には、どれひとつとして、説得力をもつものはないということがわかる。それどころか、古事記本文は、「序」に述べられている成立の事情とは違って、和銅五年（七一二）以前、七世紀半ばから後半には書かれていたと考えなければならない根拠があるのである。そのもっとも有力な根拠になるのが、疑惑⑨にもかかわる上代特殊仮名遣いにおける「も」の書き分けである。

「も」の書き分け

よく知られているように、古事記をはじめ『万葉集』・日本書紀など八世紀の文献に用いられた万葉仮名のうち、「き・ひ・み・け・へ・め・こ・そ・と・の・よ・ろ」の十二音については、それぞれ二種類の発音が区別されており、単語によって用いられる漢字の種類が違っているということが、十八世紀に見出され、近代になって上代特殊仮名遣いと命名された。そして、その二種類の仮名を甲類・乙類と呼んで区別しているのである。しかも、注目しなければならないのは、古事記においては、右の十二の音に加えて、「も」の書き分けが見出せることである（左表、参照）。

古事記の「も」の書き分けについて、偽書論の立場から、「二百余例が一例の誤りのないほど見事に分類されている事実は、序文の日付に合せて古さを示すため意図的に分類したもの」と、大和岩雄はみなしている（『古事記成立考』三六九頁）。しかしそれはまったく不可能なことである。西條勉も指摘するように（「偽書説後の上表文」）、音《おと》の区別が存在するから文字は書き分けられるのであり、区別が存在しない時に、文字が書き分けられるということは、原則としてありえないからである。

それゆえに、現在の言語学者が甲・乙二類の区別ができるように、古語に通じた平安時代の学者なら書き分けることができたと考えるのは（大和、前掲書）、とうてい無理だというしかないのである。また、大和は、「序文の日付に合せて古さを示すために」というが、わたしの見解によれば、この大和の理屈は成り立たない。なぜなら、詳細は後述することになるが、古事記本文の成立は、「序文の日付」よりも古いと考えなければならないからである。

表　上代特殊仮名遣い

（ア列）	あ	か	さ	た	な	は	ま	や	ら	わ
（イ列）	い	**き** **キ**	し	ち	に	**ひ** **ヒ**	**み** **ミ**		り	ゐ
（ウ列）	う	く	す	つ	ぬ	ふ	む	ゆ	る	
（エ列）	え	**け** **ケ**	せ	て	ね	**へ** **ヘ**	**め** **メ**		れ	ゑ
（オ列）	お	**こ** **コ**	**そ** **ソ**	**と** **ト**	**の** **ノ**	ほ	**も** **モ**	**よ** **ヨ**	**ろ** **ロ**	を

大野晋《すすむ》は、「も」の書き分けから考えると、古事記のもとの資料は八世紀以前に書かれており、奈良時代の初めに、それら古い資料をもとに、古事記は編纂されたのではないかと論じている（『日本語の起源』旧版）。これは、とても説得力のある説明であり、同様の発言は、橋本進吉によってもなされている（『古代国語の音韻に就いて 他二篇』）。そのあたりの問題について明確に反論しないかぎり、古事記本文の偽書説が成り立たないのは自明のことである。

音韻の区別と記憶

「も」の仮名の二種の区別は、古事記だけに見出されるのではなく、『万葉集』巻五の音仮名、大宝二年（七〇二）の戸籍の用字にも残存する。犬飼隆によれば、「上代特殊仮名遣いは表音的な性格が濃いもの」であるが、必ずしも「編纂当時の日本語の音韻との対応ではなく、過去に成立したものの継承であってもよい」という。そして、古事記の万葉仮名について、「八世紀初頭には切韻系の音を用いることもできたはずであるが、総じて、それより古い和音系の音」を用いているとした上で、古事記の「も」の二類の区別について、次のように述べる。

古事記のもとになった文献の成立段階では、音韻上の区別が生きており、古事記の成立した八世紀初頭には、音韻上の区別は失われていたが、語表記における仮名遣い上の区別を高齢者が保持していた。音韻の対立解消後もまもないので、それを音韻体系そのものとしてみようとしても、表面上は、整合するのである。(『上代文字言語の研究　増補版』一〇一頁)

犬飼の文字論は興味深いが、この部分に関しては、かなり苦労して論述しているようにみえる。それは、古事記の成立を八世紀初頭の和銅五年に固定しているからである。もし、「序」にある和銅五年成立説を無視して論じれば、おそらく古事記の「も」の書き分けについては、もっとわかりやすい説明が可能なはずである。古事記の筆録が八世紀初頭より数十年遡るとすれば、「も」の仮名が二種類存在することについても、とても説明しやすくなるということを、犬飼の論述はよく示している。

なお、犬飼が「高齢者」というのは、大伴旅人《おおとものたびと》と山上憶良《やまのうえのおくら》のことである。『万葉集』巻五の「も」の二種類の書き分けは、音韻上の区別を失った後の「記憶」として保持していたためだというのである。たしかに、そのような可能性は否定できない。

使用された文字の音韻の問題とは別に、古事記本文の文体が「語り」の論理に支えられているという点について論じる必要があるが、この点については「古事記の古層性」と題して別にとり上げるつもりである。もちろん、古事記の文体が古層を宿しているとみる立場に対しては、呉哲男が言うように「口誦《こうしょう》性の価値」が発見されることによって見出されたものだという反駁《はんばく》があるのは承知している（『古代日本文学の制度論的研究』）。

ただ、わたしは、語りの文体あるいは語りの論理といったものが古事記の表現を支えていると考えている。それについてはひとまず置いて、「序」をどのように説明できるか、そちらに論を展開させてみたい。

古事記「序」という存在

上表文としての「序」

古事記本文の偽書説について検証したが、古事記本文の存在を危うくさせるような疑惑はひとつも見出せなかった。それに対して、「序」に対する疑問点には、耳を傾けざるをえないものがある。わたし自身は、従来の偽書説にあまり深くかかわろうという気はないが、指摘しておかなければならないことがらはいくつかあり、それらについて、以下に考察を加えてゆくことにする。

西條勉が整理した十ヵ条の疑惑のうち、古事記「序」にかかわってとり上げられているのは、④⑤⑥⑦⑩の五項目である。そのうち、疑惑④の、古事記では「序」とされる文章が、じつは「上表文」の体裁をとっているという批判は、ほとんど誰も反論できないのではないかと思われる。もちろん、どうしても古事記および古事記「序」に降りかかる疑惑を払いのけたいと考えている一部の研究者には、無理やりと思えるような反論を試みる人もいるが、説得力をもつには至らない。おそらく、古事記の上巻冒頭に付けられた「序」は、上表文の体裁をとっているということを認めるところから議論を出発しなければ、古事記「序」を論じることはできないだろう。

簡単に言えば、「序」は、書物のはじめに成立や内容を伝えるために添えられる文章であり、「上表文」は、書物の完成を、そのいきさつを交えて命令者である君主に奏上する文章である。内容には重なるところがあるとしても、そもそも目的が違うのである。そして、古事記「序」のように、「臣安万侶《やつこ》、言《まを》す」という挨拶句ではじまり、「臣安万侶《やつこ》、誠《まこと》に惶《おそ》り誠に恐《かしこ》み、頓首頓首《ぬかつきまをす》」というような、最上級の挨拶句や謙譲語を文末にもった文体は、間違いなく上表文とみなければならないのである。

そして、古事記「序」とある文章が上表文であるならば、その文章は、巻子《かんす》になった本文（古事記は三巻の巻物にまとめられていた）とは別に、一枚の書面に書かれ、天皇の前で奏上されたということになる。ところが、上表文の体裁をとりながら、文章の冒頭には「序幷」（真福寺本）と記されている。正格の漢文体の形式をもつ「幷序」ならまだしも、現存最古の写本が、「序并」という崩れた語順になっているところなども、いかにもいかがわしい感じがするのである。

「序」と上表文との関係について詳細な検証を試みた西條勉は、上表文の体裁をもつ文章に「并序」という表記がみられるようになるのは、「勅撰詩集が編纂される弘仁のあたりとするのが妥当」だと述べている（前掲論文）。弘仁年間というのは八一〇〜八二四年にあたるが、その頃に、上表文の体裁をもつ文章が「序」として加えられるということは十分に考えられる。それは和銅五年から数えると、およそ百年後のことであった。

署名・日付その他

「序」に対する疑惑としてあげられた五項目（④⑤⑥⑦⑩）のうちの、署名が不備だという⑤について、たしかに太朝臣安万侶の署名には、位階と勲等は記されているが、役職名がない。安万侶の墓誌にも、民部卿という官職（おそらく生前の安万侶の最高の官職）が記されていた。上表文（「序」）の署名には、官職名があってしかるべきかもしれないが、これに関しては、書かれていないから偽書だというような言い方はできない。和銅五年正月の段階では官職に就いていなかったというようなことも考えられないことではない。

⑩の「序」の日付は仮託されたものであるというのは、友田吉之助「古事記の成立と序

文の暦日」によって展開された批判である。友田によれば、中国において、現行の干支紀年法より二年引き上げられた干支紀年法が使われていたことがあり、日本においても同様のことがあった。それを考慮すれば、『続日本紀』の和銅七年二月戊戌条に記されている「国史」編纂の記事と、古事記「序」にいう和銅五年正月二十八日は同じものだというのが友田の主張である。

わたしには要約して紹介するのは困難なので、詳細は友田論文を参照してほしいが、稗田阿礼についても友田は、その存在を疑っている（疑惑⑥）。たしかに、稗田阿礼という人物はどこにも登場しない。「寅の年」に仮託した架空の人物だというのが友田の見解であるが、その正否については、わたしには判断する材料がない。しかし、古事記「序」のほかには、阿礼が存在したことを証明する資料がなく、実在証明が困難な人物であるというのは間違いない事実である。

結局のところ、実在した、しないというのでは水掛け論になるだけで、そのことに深入りすることはできないし、わたしには議論に介入する気はない。また、「序」に書かれている壬申の乱の記事が日本書紀に基づいているという疑惑⑦も、そうかもしれないし、そうではないかもしれないと言うしかない。それほど明確に日本書紀に基づいているとは言えないし、日本書紀とは別に、同様の資料が存在した可能性も否定できない。

古事記「序」にかかわって、署名が不備である、稗田阿礼の存在が疑わしい、壬申の乱の記述が日本書紀に基づいている、奏上の日付が仮託であるという、⑤⑥⑦⑩の疑惑を認めようが認めまいが、「序」はどう考えても怪しいと言わざるをえない。しかし、「序」が疑わしいからといって、その疑惑が、古事記本文にまで影響すると考えられるものは一つも存在しない。このことは、きっちりと確認しておかなければならない。

上表文の体裁になっているという、反論することのできない疑惑④も含めて、「序」に関して出されている五項目の疑惑は、あくまでも「序」の問題であって、古事記本文とは無関係に論じられるべきものである。少なくとも、これらが認められるから、古事記全体が偽書だということにはならない。

本文と「序」とのギャップ

いわゆる偽書説とは別のことになるかもしれないが、古事記本文と「序」とのあいだに存在する認識のずれも、気になるところである。これは、西條勉も指摘しているが（「偽書説後の上表文」）、「序」が古事記の内容として取り上げている中には、古事記にとって、それほど重要ではない部分や取るに足りない部分が含まれている。もし、「序」の執筆者が古事記本文を撰録したのだとすれば、その本文の内容に対する認識不足に、驚かざるをえない。

「序」の冒頭に掲げられた古事記の内容紹介では、イザナキ・イザナミの国生み、アマテラスとスサノヲのウケヒ、ヲロチ退治、国譲りから天孫降臨をとり上げて上巻を要約している。そこにいわゆる「出雲神話」がまったく含まれていないのは、古事記の性格を見誤っているのではないかと思わせる。古事記「序」の執筆者が古事記を撰録したのであれば、古事記上巻において出雲神話が占める意味はわかっていなければならない。「序」にまとめられている要約では、日本書紀の正伝を要約したのと変わりがない。

同様の齟齬は、中・下巻の紹介のしかたにおいても見出せる。「序」では、中巻については、カムヤマトイハレビコ（神武《じんむ》）の東征（熊野から吉野へ）、ミマキイリヒコ（崇神《すじん》）の夢と神祇祭祀、ワカタラシヒコ（成務《せいむ》）が境を定め邦《くに》を開いたという記事をとり上げている。また、下巻については、オホサザキ（仁徳）の炊煙《すいえん》のこと、ヲアサヅマワクゴノスクネ（允恭《いんぎょう》）が姓《かばね》を正し氏《うじ》を撰んだという記事をとり上げる。しかし、古事記の撰録者が、自らが筆録した内容について、右のような部分を選んで要約記事を書くというのは、いかにも不審であると言わざるをえない。

この中の、ワカタラシヒコやヲアサヅマワクゴノスクネの業績を、他の天皇たちを無視して紹介する理由がどこにあるのか、わたしには理解できない。わざわざ全体からみれば取るに足りない記事を選んで引くのは、古事記本文をきっちりと理解していない人物が、適当にピックアップして紹介したとしか考えられない。ほんとうに、「序」を書いたのが太安万侶で、彼が、古事記の柱になる部分が「序」に紹介したところだと考えていたとすれば、とんでもない撰録者だということになってしまう。

いずれにしても、「序」の冒頭に置かれた内容の紹介は、本文とのあいだに大きな齟齬をもつ作文である。そしてそうなってしまったのは、本文を撰録あるいは執筆した人物と、「序」を執筆した人物とが別人であるからだと考える以外に理由を見出せない。そして、別人の手になると言われれば、理解しやすい齟齬である。

二つの編纂事業

わたしは、古事記「序」は、のちに付け加えられたと考えているが、そのことを論じる上で、従来論じられてきた偽書説は、それほど役には立たない。上表文の体裁をとっているというのは、重要な根拠になると思うが、それ以外の項目については、補助的に頭の隅に入れておけばいいのではないかと思っている。

わたしがここで展開したいのは、従来の偽書説論争でなされてきた議論とはまったく別の視点からの、古事記「序」に対する疑惑の表明である。それは何かと言えば、「序」に述べられている内容には、絶対的な矛盾が抱え込まれているという点である。今までだれも論じていないことだが、どう考えても「序」の文章は成り立たないのではないか。

ひと頃、神田秀夫も述べていたことだが（「（鼎談）記紀をどう読むか」）、古事記研究を学問的に成り立たせるためには、古事記本文から「序」を切り離してしまうべきだ。わたしの主張の眼目は、疑惑のうずまく「序」を根拠に、古事記の成立を論じるのはやめようということである。ところが、古事記研究において、それはおそらく難しい。なぜなら、古事記から「序」を切り離してしまうと、古事記の存在を証明するものが何もなくなってしまうからである。

そうなると、古代律令国家を支える歴史書という命綱がなくなり、まったく拠りどころのない根無し草になってしまう。それが恐ろしいために、「序」を切り離して考えようという立場の研究者は出にくいのである。しかし、じつは「序」がなければ、古事記はよほど安定した興味深い書物になるだろうというのが、わたしの基本的な立場である。あとで書き加えられたものとして「序」をとらえたほうが、あらゆる面でつじつまが合う。

古事記「序」が絶対的な矛盾を抱え込んでいると述べたが、それは、律令国家における歴史書の編纂を前提とした時という条件がつく。本書の前半で論じたことだが、「日本書」の構想を持ちながら進められた史書編纂事業の流れをみてゆくと、その中に、古事記が位置づけられないということは明らかになる。そして、古事記「序」をみると、有名な部分だが、壬申の乱のあとの、天武天皇による史書編纂の企てが次のように記されている。前にも引用したが、論述の都合上、あらためて確認しておきたい。

是《ここ》に、天皇詔《の》りたまひしく、「朕《われ》聞く、諸家《もろいへ》の賷《も》てる帝紀《ていき》と本辞《ほむじ》と、既《すで》に正実《まこと》に違ひ、多く虚偽《いつはり》を加へたり。今の時に当《あた》りて、其の失《あやま》りを改めずは、幾年《いくとせ》も経ずして其の旨《むね》滅《ほろ》びなむとす。斯《こ》れ乃《すなは》ち、邦家《みかど》の経緯《たてぬき》、王化《おもぶけ》の鴻基《おほきもとゐ》なり。故《かれ》、惟《おもひ》みれば、帝紀を撰《えら》び録《しる》し、旧辞《きうじ》を討《たづ》ね覈《きは》めて、偽《いつは》りを削《けづ》り実《まこと》を定めて、後《のち》葉《のよ》に流《つた》へむと欲《おも》ふ」と。

時に舎人《とねり》有り。姓《うぢ》は稗田《ひえだ》、名は阿礼《あれ》、年は二十八。為人《ひととなり》聡《さと》く明くして、目に度《わた》れば口に誦《よ》み、耳に払《ふ》るれば心に勒《しる》す。即《すなは》ち、阿礼に勅語《みことのり》して帝皇《ていわう》の日継《ひつぎ》と先代《せんだい》の旧《きう》辞《じ》とを誦《よ》み習《なら》はしめたまひき。然《しか》れども、運《とき》移り世《よ》異《かは》りて、未《いま》だ其《そ》の事を行ひたまはざりき。

家々に伝えられた帝紀や旧辞には誤りが多く、自家の都合で改変が行われている、それを正しい歴史にしたい。ここには、天武の意志が、そのように述べられている。そして、それを果たすべく選ばれたのが、稗田阿礼という舎人であり、天武は、勅語の旧辞を阿礼に誦習《しょうしゅう》させたというのである。しかし、その事業は中断してしまった。

右の文章に、表立って矛盾や問題があるわけではない。こまかく検証すれば問題はあるとしても、引用部分に限れば、天武の意志は理解できる。ところが、この文章に並べて、日本書紀の天武十年三月十七日条の記事を置いたとき、両者の関係はどうなるのか。これもまた、先に引用した記事だが、論述の都合上、もう一度引用する。

天皇、大極殿に御《おは》しまして、川嶋皇子《かはしまのみこ》・忍壁《おさかべ》皇子・広瀬王《ひろせのおほきみ》・竹田王・桑田王・三《み》野《の》王・大錦下《だいきむげ》上毛野君三千《かみつけののきみみちぢ》・小錦中《せうきむちう》忌部連首《いむべのむらじおびと》・小錦下阿曇連稲敷《あづみのむらじいなしき》・難波連大《なにはのむらじおほ》形《かた》・大山上《だいせんじやう》中臣連大嶋・大山下平群臣子首《へぐりのおみこびと》に詔して、帝紀《ていき》及び上古《じやうこ》の諸事《しよじ》を記し定めしめたまふ。大嶋・子首、親《みづか》ら筆を執《と》りて以ちて録《しる》す。

天武朝の矛盾

古事記「序」に記された事業を天武の意志だとみると、天武天皇は、日本書紀に記されている「帝紀及び上古の諸事」の記定と、古事記「序」にあるところの「帝皇日継及び先代旧辞」の誦習という、まったく性格の異なる二つの史書編纂事業を同時に行おうとしていたことになる。しかし、この二つの史書編纂事業が、同じ人物によって企図されるということには、大きな疑問を感じざるをえない。わたしの知るかぎり、古事記の研究者はこの点についてほとんど言及しないのだが、じつはとてつもなく大きな問題ではないのか。

古事記「序」と日本書紀と、二つの記事を並べてみたとき、天武天皇が、二つの事業を同時に行おうとするのは一体どういうことか、わたしには説明できない。なぜなら、この二つの史書編纂事業は、まったく矛盾した、相反する行為だからである。

古事記「序」にあるような史書編纂事業を行うのであれば、日本書紀の、天武十年三月十七日条の、皇子や臣下に対する史書編纂の命令は必要ないはずだ。それがなぜ存在するのかということを説明しないかぎり、古事記「序」に対する疑惑は消えない。

天武十年三月に天武によって出された命令が事実だとするなら、命令とは別に、天武は、古事記「序」にあるような史書の撰録を、舎人の阿礼と二人だけでこっそりと行っていたということになる。もしそれが事実だとするならば、皇子や臣下たちに対するある種の裏切りではないのか。

律令国家の建設を推し進める天皇が、まったく別な二種類の歴史書を作ろうと考えることなどありえない。それは、諸家の伝える帝紀や旧辞を、「もう二つ」作ることになってしまい、唯一の歴史を持とうとする天武の意志とも矛盾してしまう。どう考えても、古事記「序」と天武紀とに記された二つの史書編纂事業が、同時に行われたと考えるのは無理である。

とすれば、わたしたちは、日本書紀の記事と古事記「序」の記事と、どちらか一方が嘘をついていると考えるしかなかろう。もし、同じ人間が、この二つの事業を同時進行で行わせたのだとしたら、命令者である天武という人物は分裂症だったということになる。あるいは天武は、きわめて猜疑心《さいぎしん》の強い、他人を信じない帝王だったということにでもせざるをえない。

どちらが正しいのか

さて、どちらが正しいのか、日本書紀か古事記「序」か。そう尋ねられれば、わたしは躊躇なく、七世紀後半の古代律令国家の史書編纂事業としてみれば、日本書紀、天武十年三月の記事が正統的な事業を伝えていると断言する。なぜなら、古事記「序」は、律令国家の歴史になる根拠を、何ももたないからである。古代律令国家が求めた歴史書は、本書の最初に置いた「『日本書』の構想」で述べた通り、法＝律令と支え合うところの「日本書」であった。

そして、天武十年三月条に記された史書編纂命令が説得力を持つのは、その前月の二月に、同じく天武が、律令撰定の命令を出しているところに求められる。二月の記事についてはあらためて引用することはしないが（本書、二二頁参照）、法（律令）と史書とはつねにパラレルなかたちで編纂され、その二つが車の両輪となって、古代律令国家の制度を支えていたのである。

歴史書と法律は、双子の兄弟のような関係にあるわけで、そうした観点からみると、天武十年二月に律令撰定の詔が出され、翌三月に歴史書編纂の勅語が出されているのは、律令国家の事業としてきわめてよく理解できるのである。当然、それは中国の制度にならって作られる国家を保証する律令であり、国家の精神的な支柱となる歴史であった。

そのように考えてゆくと、偽書説論者も、それに反駁する反偽書説論者も、どちらも言及していないのだが、日本書紀の記事と古事記「序」の記事との、どちらが嘘をついているかは、明々白々なことである。そして、律令国家の内部において、両者はとても両立することのできない二つの歴史であった。

古事記とはいかなる書物か

介入できない古事記

七世紀後半の天武朝で、あるいは平城京遷都《せんと》の直後にあたる和銅五年に、古代律令国家は、古事記のような歴史書を編纂する理由があったのだろうか。すでに論じたように、この時期には「日本書」撰録の構想が進行しており、和銅六年には、その一環として風土記の撰録が命じられた。

地方の国々に対して、五項目の内容をもった風土記の撰録が命じられたのは、紀・志・伝の三部から成る正史「日本書」のうちの、「地理志」の材料を集めるためであったというのが、わたしの見解である。八世紀初頭に地方の国々に対して五項目の命令が出される理由は、それ以外には考えられない。

正史「日本書」の構想については、わたしのオリジナルではない。すでにはやく神田喜一郎が述べていたことであり（『日本書紀』という書名」）、神田秀夫も指摘したことがあった（「古事記・上巻」）。そうでありながら、こうした認識はあまり一般化していないように思われる。

律令国家において企図された歴史書編纂の流れを、「日本書」の構想の中で見通したとき、天武朝以降のいずれかの時点に、古事記のような内容をもった歴史書が入り込む余地はないと、わたしは考えている。古事記の内容からみて、律令国家の正史として編纂された歴史書とは考えられないからである。

もし考えられるとすれば、それは、三谷栄一が主張したような、古事記を後宮の文学とでもみなすことである（『古事記成立の研究』）。後宮という場は、表向きの政治や権力とは離れた伝承を語り伝える場になりうるかもしれないからである。そのようにでも考えない限り、律令制度を基盤に国家の体制を整備しつつあった時期に、国家の手で古事記が編纂される理由を見出すことはできないということである。

反律令的な性格

内容的にみると、推古朝で記事が終わる古事記は、推古二十八年（六二〇）に編纂されたと日本書紀にある「天皇記・国記」に連なろうとしたと考えるのがわかりやすい。それは、古事記が実際に推古二十八年に作られたというのではないが、認識としてはそのように考えられていたということである。そして、こうした認識は、たとえば、古事記は推古朝で終わるところのあるもの、つまり過去に向いているとみなす西郷信綱の主張とも重なる（『古事記の世界』）。

過去に向いているという古事記の性格は、始源の歴史書である「天皇記・国記」そのものになろうとする性格であって、けっして、新たな国家を支える律令的な性格を志向しているわけではない。今まで述べてきた通り、律令的な世界を担おうとした歴史書としては、「日本書」がもくろまれ編纂されたのである。

本書のプロローグでとり上げた倭建命《やまとたけるのみこと》と日本武尊《やまとたけるのみこと》と、古事記と日本書紀とにおけるヤマトタケルの描きかたの違いを考えれば、両方の歴史書がまったく正反対の方向を向いているということがよくわかるのではないかと思う。そうしたありかたは、古事記のあちこちに見出されるのだが、ひとつだけ具体的な例を引きながら、古事記の反律令的な性格についてふれておきたい。それは、下巻の後半で語られる七歳の御子マヨワ（目弱王）の物語である。

父オホクサカをアナホ（安康《あんこう》天皇）に殺され、母ナガタノオホイラツメもアナホに奪われたマヨワは、母とともにアナホのそばに住む。そして、ふとしたことから、今は母の夫であるアナホが父殺しの犯人であることを知ったマヨワは、母の膝を枕に寝ているアナホ天皇を殺し、葛城氏の頭領ツブラノオホミの屋敷に逃げ込む。それを知ったアナホの弟オホハツセワカタケル（のちの雄略天皇）は、頼りにならない兄たちを殺し、軍隊を率いてツブラノオホミの屋敷を囲む。少々長くなるが、その場面を引用すると、古事記は次のように語っている。

また、軍《いくさ》を興《おこ》して都夫良意美《つぶらおみ》の家を囲《かく》みたまひき。ここに軍を興して待ち戦ひて、射《い》出《い》づる矢、葦の如《ごと》く来《きた》り散りき。是《ここ》に大長谷王《おほはつせのみこ》、矛《ほこ》を杖《つゑ》に為《し》て、その内を臨《のぞ》みて詔《の》りたまひしく、「我《わ》が相《あひ》言へる嬢子《をとめ》は、若《も》し此《こ》の家に有りや」と。ここに都夫良意美、此の詔命《おほみこと》を聞きて、自ら参出《まゐで》て、佩《は》ける兵《つはもの》を解《と》きて、八度《やたび》拝《をろが》みて白《まを》ししく、「先《さき》の日《ひ》問ひ賜《た》ひし女子《むすめ》、訶良比売《からひめ》は侍《さもら》はむ。また五《い》つ処《ところ》の屯宅《みやけ》を副《そ》へて献《たてまつ》らむ〔謂《い》はゆる五村《いつむら》の屯宅《みやけ》は、今の葛城《かづらき》の五村の苑人《そのびと》なり〕。然《しか》るにその正身《ただみ》、参向《まゐむ》かはざる所以《ゆゑ》は、往古《いにしへ》より今時《いま》に至るまで、臣連《おみむらじ》の、王《みこ》の宮に隠《かく》りしことは聞けど、未《いま》だ王子《みこ》の、臣《おみ》の家に隠《かく》りまししを聞かず。是《ここ》を以《も》ちて思ふに、賤《いや》しき奴《やつこ》、意《お》富美《ほみ》は、力を竭《つく》して戦ふとも、更《さら》に勝つべきこと無けむ。然《しか》れども己《おの》れを恃《たの》みて、陋《いや》しき家に入り坐《ま》せる王子《みこ》は、死にても棄《う》てじ」と。

かく白《まを》して、またその兵《つはもの》を取りて、還《かへ》り入りて戦ひき。ここに力窮《ちからきは》まり矢尽《やつ》きぬれば、その王子に白しけらく、「僕《あ》は手《て》悉《ことごと》に傷《お》ひぬ。矢もまた尽きぬ。今は得戦《えたたか》はじ。如何《いかに》か」と。

その王子《みこ》答へて詔《の》りたまひしく、「然《しか》らば更《さら》に為《せ》むすべ無し。今は吾《あれ》を殺《し》せよ」と。

故《かれ》、刀《たち》を以《も》ちて其の王子《みこ》を刺《さ》し殺《ころ》して、すなはち己《おの》が頸《くび》を切りて死《し》にき。

滅びゆく者への共感

この場面の主人公は、御子マヨワというよりは、大臣ツブラノオホミ（ツブラオミとも）とみなしてよいだろう。そして、右の話で語られるのは、ツブラノオホミのいさぎよい最期である。こうした「忠臣（忠誠を尽くす臣下）」像の成立には、おそらく儒教的な思想が影をおとしているとみるべきであろうし、事実、古事記下巻には儒教思想の影響を受けた伝承がいくつもある。

ツブラノオホミという人物とその行動を、忠臣とか忠義とかいうふうに説明すると、主従関係を前提とした古臭い観念のようにみえる。また、戦前の忠君愛国などという死語を思い出させてしまう危険性がないとはいえないのだが、そうした行動を、人としての生き方のひとつの理想を描いているとみなすこともできる。そして、国家や主君のためではなく、人としての生きかたを示しているようにみえる部分が、ツブラノオホミの造型には見出され、それが古事記の中でもことさらに魅力的な人物として浮かび上がってくる理由になっているのである。

国家のために、主君のために功績をたてるというのが、一般的な忠臣像であるのに対して、国家の力に抗うというかたちで、ツブラノオホミの信義が貫かれているところに、儒教的な忠臣像を超える魅力があると、わたしには読める。自分を頼ってきたマヨワは七歳の少年で、その父オホクサカは王族の一人でしかない。マヨワは先代の大君の子でもなく、ツブラノオホミと血縁的なつながりもないのだから、葛城氏の頭領がことさらに護《まも》る必要などなかったはずだ。そこから考えると、ツブラノオホミには打算がはたらいていない。自分を頼ってきたから最後まで護る、そのように造型されているところに、ここに語られるツブラノオホミのいさぎよさがあるといえるだろう。

ツブラノオホミには打算がはたらいていないというより、彼は負けることがわかっていながら、マヨワを護ろうと決断したというふうに読める。そして、それが聴き手を感動させる。というのは、この直前に語られる物語によく似た伝えがあり、兄妹相姦のタブーを犯したために弟アナホに攻められるのを恐れた皇太子キナシノカルが、大臣オホマヘヲマヘノスクネの家に逃げこんだと語られている。ところが、ツブラノオホミとは逆に、オホマヘヲマヘノスクネは、自分を頼ってきたキナシノカルを捕らえ、家を囲んだ大君アナホに差し出してしまう。スクネは、権力の側に寝返ってしまったのである。

同じ大臣でありながら、オホマヘヲマヘノスクネとツブラノオホミと、並べられた二人の対応はまったく正反対に語られている。一方は朝廷のために罪を犯した皇太子を捕らえ、一方は負けるとわかっていながら、天皇を殺害して逃げた御子を護って戦おうとする。どちらが聴き手に感動を与えることができるか、結果は明らかだ。

律令国家の側から考えれば、当然、オホマヘヲマヘノスクネのような大臣こそが理想的な臣下像であるはずだ。それに対して、天皇あるいは天皇を継ぐべきオホハツセワカタケルに背いて、前天皇を殺したマヨワに味方するという時点で、ツブラノオホミは反王権的、反国家的な存在なのである。そして、そうした人物をうつくしく感動的に語ろうとする。そこに、古事記という作品の本質が窺えると、わたしは考えている。

同じ事件を描く日本書紀の場合、ワカタケルは、円大臣《つぶらのおおおみ》の屋敷を囲むと、あっさりと火をつけて焼き殺したと語られている。反逆者を格好よく死なせようなどという意識は日本書紀にはないのである。ちなみに、二〇〇五年二月、古墳時代中期（五世紀頃）の、葛城氏にかかわると考えられる屋敷跡が奈良県御所《ごせ》市極楽寺の「極楽寺ヒビキ」遺跡から発掘され、出土した柱は焼け焦げていた（奈良県立橿原《かしはら》考古学研究所現地説明会資料「御所市極楽寺ヒビキ遺跡の調査」）。

その後の調査研究によって、この建物は、住居として用いられたというより、「この地域を統括する公的性格を有した施設」らしいと考えられている（奈良県立橿原考古学研究所附属博物館編『葛城氏の実像』）。そして、その建物が焼けていたという事実は、葛城氏の滅亡と重ねて考えるとたいそう興味深いことである。おそらく、日本書紀に記述されているように、葛城氏は、オホハツセ（雄略）の軍隊に建物を囲まれ、焼き殺されたというのが真実だったのである。

マヨワとツブラノオホミの伝承に限らず、古事記の伝承の性格として、反律令的・反国家的な性格をもつと思われるものがいくつもあるが、それは、古事記が律令国家の内部に組み込まれた歴史書ではないからだと考えられる。そして、こうした見かたは、前述した上代特殊仮名遣いの「も」の書き分けなどからみて、古事記がすでに七世紀後半には書かれていたと考える立場を補強する。

これらの伝承は、古事記「序」の説明とは違って、八世紀初頭に書かれたものではないと考えたほうがよい。古事記「序」は、古事記の伝承の真実を伝えてはいないと考えるべきなのである。それは、成立の時期だけではなく、内容からみても言えることで、「序」にいうような天皇によって管理された歴史書であるという説明とは齟齬をきたしてしまうのである。

偽造された古事記「序」

ここで再度、古事記「序」をどう考えればよいかという問題にもどろう。今までの論述を踏まえて、「序」は九世紀初頭に書かれたのではないかとわたしは思っている。それが、七世紀から八世紀にかけての「史書」史を眺め渡した時に、もっとも納得しやすい考えかたである。

「序」は九世紀に書かれた

そして、九世紀初頭における古事記「序」の偽造を裏づけているのではないかと思われる資料が存在する。それは、日本書紀の講書の際に書かれたと考えられる「弘仁私記《こうにんしき》」の「序」である。講書とは、学者が日本書紀の訓読や内容を講義する公的な行事を言い、そのときの記録を「日本書紀私記」と呼びならわしている。その講義記録の一つである「弘仁私記」という書物は現存しないが、『日本書紀私記』（国史大系、第八巻）に収められているうちの一本がそれだと考えられている。また、これと同じ文章は、日本書紀の注釈書『釈日本紀』（鎌倉時代成立）巻一の「開題」にも、「弘仁私記序曰」として引用されている。その「弘仁私記　序」の内容は、以下の通りである（〔　〕内の部分は二行割で書かれており、この部分は『釈日本紀』には引かれていない。なお、（　）内に記した天皇名は、三浦の注記である）。

それ日本書紀は、一品舎人親王《いっぽんとねりのみこ》・従四位下勲五等《じゅしいげくんごとう》太朝臣安麻呂《おほのあそみやすまろ》ら、勅《みことのり》を奉《うけたまは》りて撰するところなり。〔これより先、浄御原《きよみはら》天皇（天武天皇）、御宇《あめのしたしろしめ》しし日、舎人《とねり》あり、姓《うぢ》は稗田《ひえだ》、名は阿礼《あれ》、年は二十八。人となり謹恪《きんかく》にして、聞見するに聡慧《さと》し。天皇、阿礼に勅して、帝王の本記と先代の旧事とを習はしむ。未《いま》だ撰録せしめずして、世運《よめぐ》り遷代《せんたい》して、豊国成姫《とよくになりひめ》天皇（元《げん》明《めい》天皇）、臨軒《あめのしたしろしめ》しし季《とき》、正五位上安麻呂に詔して、阿礼の誦《よ》めるところの言《こと》を撰《せん》せしむ。和銅五年正月二十八日、初めて上《たてまつ》る。その書、いはゆる古事記三巻なり〕清足姫《きよたらしひめ》天皇（元正《げんしょう》天皇）負扆《あめのしたしろしめ》しし時、親王および安麻呂ら、更にこの日本書紀三十巻幷びに帝王系図一巻を撰す。養老四年五月二十一日、功夫《ぐふう》して甫《はじ》めて有司に献《たてまつ》る。

【原文】夫日本書紀者、一品舎人親王・従四位下勲五等太朝臣安麻呂等、奉勅所撰也。

〔先是、浄御原天皇御宇之日、有舎人、姓稗田名阿礼、年廿八、為人謹恪聞見聡慧。天皇、勅阿礼、使習帝王本記及先代旧事。未令撰録、世運遷代、豊国成姫天皇臨軒之季、詔正五位上安麻呂、俾撰阿礼所誦之言、和銅五年正月廿八日初上。彼書所謂古事記三巻者也〕清足姫天皇負扆之時、親王及安麻呂等、更撰此日本書紀三十巻幷帝王系図一巻、養老四年五月廿一日、功夫甫献於有司。

この文章は、弘仁十年（八一九）に書かれたと考えられている。そして、〔 〕で括った二行割の注記部分は、だれもが指摘するように、古事記「序」と似ている。当該部分を引用すると、古事記「序」は以下のような内容である。

時に舎人《とねり》あり。姓《うぢ》は稗田《ひえだ》、名は阿礼《あれ》、年は二十八。為人《ひととなり》聡《さと》く明くして、目に度《わた》れば口に誦《よ》み、耳に払《ふ》るれば心に勅《しる》す。即《すなは》ち、阿礼に勅語《みことのり》して帝皇《ていわう》の日継《ひつぎ》と先代《せんだい》の旧《きう》辞《じ》とを誦《よ》み習《なら》はしめたまひき。然《しか》れども、運《とき》移り世異《よかは》りて、未《いま》だ其《そ》の事を行ひたまはざりき。

【原文】時有舎人。姓稗田、名阿礼、年是廿八、為人聡明、度目誦口、払耳勒心。即、勅語阿礼、令誦習帝皇日継及先代旧辞。然、運移世異、未行其事矣。

語句に違いはあるが、両者がまったく無関係に、別個に書かれたとは考えられない。一方が、もう一方を参照したのは明らかだ。考えられるのは、古事記「序」を参考に「弘仁私記　序」が書かれたか、その逆に、「弘仁私記　序」を参照して古事記「序」を書いたか、そのどちらかということになる。あるいは、両者とは別の書き物があり、それをもとに古事記「序」と「弘仁私記　序」の二つが書かれたということも考えられる。

ふつうの成立順序に従えば、古事記「序」があって、それを参照して「弘仁私記　序」が書かれたということになる。そうだとすれば、「弘仁私記　序」が書かれる前か、「弘仁私記　序」と同時か、そのどちらかの段階で、わたしたちが古事記「序」とみなしている文章と古事記本文とが結びついたということになる。

古事記「序」にある和銅五年（七一二）以降、それから百年あまりを経て「弘仁私記　序」が書かれた弘仁十年（八一九）までの間に、古事記「序」成立の秘密は隠されているのである。その時をどのように解き明かせばよいか、残念ながらわたしには、明確に論じるための材料がない。しかし、いずれにしろ九世紀初頭には、「弘仁私記　序」に書かれているような、天武天皇が稗田阿礼に命じて、「帝王の本記と先代の旧事」を撰録させたという認識が存したのは疑いようのない事実である。

安萬侶という名前

「弘仁私記　序」は、太朝臣安万侶の同族である多朝臣人長《おおのあそみひとおさ》が講師となって日本書紀を講じた際に、人長あるいはその周辺の人物によって書かれたと考えられている。というのは、「弘仁私記　序」には、「冷然聖主（嵯峨《さが》天皇）、弘仁四年、在祚《あめのしたしろしめ》し日、旧説まさに滅び、本記訛《あやま》りに合ふを愍《あはれ》び、刑部少輔従五位下多朝臣人長《おほのあそみひとをさ》に詔《みことの》りして、日本紀を講ぜしむ。（冷然聖主弘仁四年在祚之日、愍旧説将滅本記合訛、詔刑部少輔従五位下多朝臣人長、使講日本紀）」とあり、多人長の名前が登場するからである。そして、これはかなりの確率で言えることだと思うが、多（＝太）氏一族が、古事記「序」の作成に関与していたのである。

その多氏一族の一人である安万侶が、「序」にある通り、天武天皇が自ら伝えた旧辞を誦習した稗田阿礼の言葉を、書物にまとめたのが古事記なのか。それとも、いつの頃からか、安万侶の子孫である多氏一族のあいだで、古事記は先祖の安万侶が天皇に命じられて撰録したものであるという伝承が生じたものか。あるいはまた、九世紀になって、多朝臣人長が、自らの家の権威化を図ってそのような編纂事情をでっち上げたものか――真実がどこにあるかはわからない。ただ、何らかのかたちで、古事記「序」と多（太）氏との間にはかかわりがあったということは否定できないものと思われる。

時代が下ったある段階で、誰かが、安万侶に仮託して古事記「序」を書いたと考える場合に、ただ一つ問題点があるとすれば、茶畑から発掘された墓誌と古事記「序」には、その名が「安萬侶」と記されているのに、「弘仁私記　序」や『続日本紀』の死亡記事（養老七年七月七日）には「安麻呂」と書かれているということである。

多氏周辺の人びとによって「弘仁私記　序」が書かれたとすれば、墓誌や「序」と同様に、「安萬侶」というすこしばかり特異な表記になっていてもよいのではないか。それが、「弘仁私記　序」では、ごく一般的な「安麻呂」になっているのは少し気になるところである。ただし、同時代資料でも、同一人名に用いる漢字が違っていることがあるし、「弘仁私記　序」の筆録者が安万侶と書くとは知らずに、一般的な表記を用いたと考えれば、とくにこだわる必要はないのかもしれない。

古事記の権威化

今までの論述が正しいとみなした時、ではなぜ、何も付いていなかった古事記に、「序（上表文）」が付け加えられたのかという疑問が生じる。そして、それに答えるのはむずかしいが、納得できる説明ができなければ、古事記「序」が九世紀になって付けられたという見解に説得力を与えることはできない。

その理由をわたしは、古事記の権威化だったと考えている。おそらく、古事記本文に、上表文の体裁をもった「序」が必要になったのは、古事記という書物を権威化しなければならない事情があったからである。もともと律令国家とは離れて存在していた古事記を権威づけるために、天武紀十年の「記定」とは異なった言い伝えをもっていたであろう古事記成立の次第を、天武紀十年の「記定」に登場する天武天皇の権威に拠りかかった「序」を偽造することで、再生させようとしたのである。

おそらく書物には、書物の神話が存在する。なぜこの本は書かれたのかという謂われが必要である。そして古事記には、「語り」をもとに書き記したという謂われが伝えられていたのではないか。ところが、言い伝えだけではすまない情況がおとずれ、「序」をつける段階になって、天武天皇の勅語に基づいた歴史であるということになった。「序」が書かれる前から稗田阿礼の名が伝えられていたのか、天武と阿礼とが「序」が書かれる段階でいっしょに入ったのか、それはわからない。

「序」は、ほとんど無名の古事記を権威化することになった。ところが、「序」が書かれた時代には、「序」という体裁と「上表文」の体裁とが混同しており、書き上げられた文章は、八世紀初頭にはありえない、「上表文」のかたちをもった「序」になってしまった。また、付け加えれば、「太朝臣安麻呂」が日本書紀の編纂にもかかわっていたという「弘

仁私記　序」の言説も、多氏の権威化を図るためであって、事実ではないはずだ。

先に引いた「弘仁私記　序」で、嵯峨天皇は、旧説が滅び、本記に誤りがまじるのをあわれみ、人長に講書を命じたと記されているが、この論理は、古事記「序」において、天武が阿礼に誦習を命じた理由や、元明天皇が安万侶に撰録を命じた理由と同じ構造である。こうしたところにも、「弘仁私記　序」の書き手と古事記「序」の書き手との、思考方法の近さが指摘できるかもしれない。

先代旧事本紀

古代国家の始まりに位置する天武朝に、あるいは律令国家の創出者である天武天皇に古事記成立の契機を仮託することによって、この歴史書ははじめて権威を手に入れることができた。それは、『先代旧事本紀《せんだいくじほんぎ》』という書物が、推古朝に書かれた「天皇記・国記」になろうとして、聖徳太子と蘇我馬子が撰録したという「序」をもったのとまったく同じだと考えてよい。その『先代旧事本紀』の「序」は、次のように記されている。

大臣《おほおみ》蘇我馬子宿禰《そがのうまこのすくね》等、勅を奉じて修撰す。それ、先代旧辞本紀は聖徳太子の撰する所なり。時に小治田豊浦《をはりだのとゆら》の宮に御宇《あめのしたしろしめ》しし豊御食炊屋姫《とよみけかしきやひめ》の天皇、即位廿八年、歳《とし》庚申に次《やど》る三月甲午の朔《つきたち》の戊戌、摂政上宮厩戸豊聡耳《かみつみやうまやとのとよとみみ》聖徳太子の尊《みこと》、大臣蘇我馬子宿禰等、勅を奉じて撰定す。

ここにある推古二十八年は西暦六二〇年で、「弘仁私記　序」が書かれた弘仁十年から、ちょうど二百年前のことになる。引用した「序」には、推古天皇の命令を受けて、聖徳太子と蘇我馬子らが撰録したと記されている。これが信じられ、『先代旧事本紀』は最古の歴史書として日本書紀よりも尊ばれてきた。ところが、その「序」がまっ赤な偽物だということが明らかになったのは近世になってからで、それまでは長く最古の歴史書であり続けた。

『先代旧事本紀』の「序」が書き加えられたのがいつのことかははっきりしないが、九世紀初めだったのではないかと考えられている。おそらく、古事記「序」と同じ頃に、この「序」も作られたのである。九世紀初頭というのは、そのような時代だった。そして当然のこととして、『先代旧事本紀』という書物も権威化が必要になり、「序」が書かれて聖徳太子と蘇我馬子とに仮託されたに違いないのである。

勅語の旧辞という方法

『先代旧事本紀』とほとんど同じ時期に、古事記もまた「序」によって天皇の勅語を仮託しなければならなかった。さきほども述べたが、古事記の最後は推古天皇で終わっているわけで、そもそも古事記自体が「天皇記・

国記」になりたかったのではないかと想像することができる。しかし、それは果たせなかった。理由は、すでに『先代旧事本紀』が「天皇記・国記」であると主張していたからではなかったか。その先陣争いに敗れた古事記は、次善の策として、日本書紀の天武十年に出てくる天武天皇の「勅語の旧辞」になろうとした。

これはあくまでもわたしの推測である。しかし、そうした推測が生じるくらいに、『先代旧事本紀』の「序」の作られかたと古事記「序」の作られかたとは似通っている。おそらく、両者の「序」が作られたのには、ほとんど同じような事情があったのではないか。

天武紀十年条の記事に記された歴史書の編纂とは異なり、古事記のもつ本質的な性格は「語り」だと、「序」を書いた人物は認識していた。そして、それはかなり明白なことであったと考えられる。

稗田阿礼という人物が実在したのか、架空の人物なのかはわからない。ただ、そうした「語り部《べ》」を介在させることによって、古事記は存在しえたのである。そして、特殊な語りの能力をもつ阿礼に誦み習わせるという方法をとったのは、一方で、古事記には、天武による「勅語の旧辞」であるというラベリングが必要だったからである。つまり、古事記の言葉を、そのような「語り」の言葉であるというふうに権威化することがもっともふさわしいと考え信じた人の手で、古事記「序」は書かれたと推測することができる。

しかし、その「語り」を天武と結びつけるのは乱暴だったのかもしれない。『先代旧事本紀』は偽造された「序」が信じられて、長くもてはやされたが、古事記にはそのような形跡がほとんどない。それは、誰もが「序」を疑っていたからではなかったか。九世紀の人びとにとって、天武が阿礼に語り伝えたという言説は、リアリティをもたなかったのではないかと思うからである。

九世紀という時代

さてここで、今まで論じてきた古事記「序」のありかたを踏まえて、わたしが古事記をどのように認識しているかということを、本稿のまとめとして述べておきたい。

まず第一点、古事記の「序」はあとになって付けられた。その時期は九世紀初頭と考えられる。具体的にいうと、多朝臣人長という人物が、日本書紀の講書を行った弘仁四年(八一三)か、その直前の頃に、古事記「序」は付けられた。それは、弘仁四年の講書時に講じられた内容に基づいており、それゆえに弘仁十年に書かれた「弘仁私記　序」に引用されたのであろう。そして、太朝臣安万侶に仮託した「序」を偽造したのは、多朝臣人長か、その周辺の人物と考えられる。多(太)氏に伝えられていた史書、それが古事記という書名であったかどうかは不明だが、所蔵されていたフルコトブミ（古事記）の権威化のために、「序」が必要になったのである。

九世紀というのはそのような時代であった。先の『先代旧事本紀』をはじめ、『古語拾遺《こごしゅうい》』『新撰亀相記《しんせんきそうき》』など、祭祀に携わっていた氏族たちの手で作られた氏文が次々に出現したのは、九世紀あるいはそれ以降の時代であった。すでに「日本書紀の方法」の中でもふれたように（本書、七七頁以下、参照）、それら氏文出現の背後には、律令国家の成立によって生じた家々の危機意識、天皇家あるいは藤原氏と祭祀氏族たちとの間に生じた軋轢《あつれき》が存在したのだろう。そうした事情が、ほとんど忘れられていたかもしれない古事記を掘り起こさせ、権威化のために「序」を付け加えさせた理由であったと、わたしは推測している。

その事実を知った今、わたしたちは、古事記から「序」を捨て去らねばならない。そして、「序」のなくなった古事記は、まったく存在証明のない、きわめて不安定な書物になってしまう。今まで、「序」に書かれた権威によってかろうじて存在証明を得ているにすぎなかったのだから。しかし、そのような存在証明がなくても、古事記という書物の性格を明らかにすることはできるのではないか。また、「序」を切り捨てることによって、古事記の真実は見通しやすくなるとわたしは考えている。

なぜ、古事記と日本書紀とが併存するのかということについて、多くの研究者が、両方の歴史書を、律令国家の論理の中で、朝廷の内部の問題として、その存在の必然を説明しようとしてきた。それは、以前のわたし自身も同様である。しかし、そのような立場から古事記と日本書紀とを論じようとすると、日本書紀は説明しやすいのだが、古事記はどうしても説明できなくなって謎めいた部分を残してしまう。

そうなるのは、最初から反対方向を向いた古事記と日本書紀とを、同じ土俵に乗せようとしたからではないか。古事記には「序」があり、それをもとに成立を論じてしまうと、日本書紀との関係に整合性がとれなくなり、さまざまな矛盾が生じてしまう。それをいったん、古事記の本体から「序」を切り離し、「序」が存在しないということを前提として、古事記の成立や内容を論じてみる。そうすると、古事記はとても説明しやすい書物となって、日本書紀とはまったく別な存在を主張し始めるはずである。

「序」のない古事記の成立

つぎに、まとめの第二点、古事記本文は、七世紀半ばから後半には書記化され、書物として存在していたと考えるのが正しいとわたしは考えている。これは「語り」の論理と重ねたいというわたし自身の立場が表れていると批判されるかもしれないが、それ以上に説得力をもつのは、上代特殊仮名遣いにおける十三音の甲・乙の仮名の書き分けという事実である。

とくに、「も」の二類の書き分けがみられるのは、古事記および『万葉集』巻五と「大宝二年戸籍」（正倉院文書、大宝二年は西暦七〇二年）に限られるというのは、古事記の成立を考える上で、きわめて重大な存在証明となる。養老四年（七二〇）に完成した日本書紀にはみられない「も」の仮名の甲類・乙類の書き分けが古事記には存在するということは、古事記の成立年代を考えるうえで、ゆるがせにはできないはずである。

その点と、今まで論じてきた「史書」史の流れを考慮すれば、七世紀の後半までに、古事記本文が書かれていたのは明らかである。しかも、最近の木簡研究から導き出された日本語の書記史に照らしても、この考え方は矛盾するものではないというのは心強い。

つぎに第三点、内容からみると、古事記は、律令国家の論理から逸脱しており、そこから考えれば、この書物は、律令制度が確立する以前のヤマト王権に存在したか、あるいは律令国家から離れたところに存在した可能性が強いと考えられる。

たとえば、倭建命の描き方などをみても、あの物語を、律令国家が理想とする天皇と皇子との関係として読むことはとうてい不可能である。日本書紀の日本武尊ならそのように読めるだろう。古事記と日本書紀と、この二つの歴史書におけるヤマトタケルの描きかたの違いについては、本書でもその一端は述べたし、わたし自身さまざまな場面で論じてきた（『古事記講義』その他）。

ここでは、結論めいたことを論証なしに言うことになるが、古事記のヤマトタケル伝承は、律令以前に、反王権的な性格を孕みつつ成り立っていた。少なくとも律令国家の外にある論理によって語られていたとみたほうが、わたしには説明しやすい。

また、日本書紀には描かれていない出雲神話も、律令以前のヤマトの側の歴史認識がなければ、古事記上巻の四分の一もの分量を費やして語る必要はなかった。一方、日本書紀に出雲神話がないのは、律令国家の歴史認識にとって、すでに出雲神話は必要ないものだったからである。それに対して、古事記はそれを必要とした。そう考えてみると、古事記は、律令的な世界に背を向けて存在していると言わざるをえないのである。

はじめに述べたように、太朝臣安万侶の墓が見つかったからといって偽書説は終わったわけではない。偽書説は成り立たないという発言は、まったく無効である。今後、古事記本文と「序」との関係はもっとていねいに読み直さなければならない。そうでなければ、古事記が正当に読めてこないのは当然である。わたしにとって本書は、古事記研究への新たな第一歩である。

【付記】

古事記「序」に対するわたしの見解は、いくつかの過程を経て現在に至っている。具体的に言うと、ここに述べたことと重なる認識をはじめて発表したのは、『文学界』二〇〇三年四月号に掲載した「出雲神話と出雲世界—古事記講義　最終回—」であった。その連載に手を入れて、『古事記講義』（文藝春秋、二〇〇三年七月）を出した。その後、古事記学会二〇〇四年度大会において、「古事記『序』を疑う」という招待講演を行い（於梅花《ばいか》女子大学、六月）、その講演原稿が、『古事記年報』第四七号（二〇〇五年一月）に掲載された。それに基づいて改稿したのが本稿である。

『古事記年報』に掲載した挑発的な講演原稿を読み、まっさきに反応してくれたのは、長年、古事記の成立を偽書論の立場から考察している大和岩雄であった。大和は、雑誌『東アジアの古代文化』第一二三号（二〇〇五年五月）から、「『古事記』偽書説をめぐって」という連載を開始した。現在も連載中であるが、その第二回以降の論考において、大和は、わたしの講演原稿をしばしば引用しながら古事記偽書説の再検証を続けている。

そこでは、わたしの大和論の引用に誤解があることを批判しながら、大枠としては、同じ方向で考えていると評価されている。これは、わたしにとってはありがたいことであるが、現在までのところ（第一二九号、連載第七回）、わたしがもっとも重大な問題として提起している、天武朝に二つの史書編纂事業が存在することの矛盾について、大和が何も反応していないのはいささか残念である。

わたしの旧稿に対する大和岩雄の反論の要点は、上代特殊仮名遣いを多人長が知っており、意図的に「も」の二類を使い分けていると主張する大和論に対して、わたしが批判したのは見当違いだということである。大和岩雄は、「原古事記」の存在を想定し、そこで使い分けられていた「も」の二類を人長が知識として理解していたので、「現存『古事記』」を古く見せかけるために整え直したものだと考えている。とくに、現在進行中の『東アジアの古代文化』の連載論文「『古事記』偽書説をめぐって」では、その点が強調されているように見える。もちろん旧著『古事記成立考』でも、「原古事記というべきものは天武・持統朝に作られており、それを太安万侶で代表されるオホ氏の手で、百年の中断の後、表記を整理して撰録し直したのが、現存『古事記』」（三七八頁）だという基本的な立場は変わっていない。

わたしは「原古事記」と呼ぶような書物を想定していないが、大和の考え方は理解できる。ただ、「も」の書き分けについて言うと、大和の旧著では「現存『古事記』」の「新しさ」を主張するために取り上げられているという印象が強い。たとえば、人長は、「原古事記」の書き分けを現在の日本語学者のように理解しており、その知識に基づいて「意図的に分類した」のが「も」の二類の書き分けであり、一例も誤りがないという「その整然たる分類によって、逆に新しさを示す証拠になっている」（三六九頁）という主張などがそれである。こうした考え方に対して、わたしは、本文で論じたように考え方に無理があると述べているのである（本書、九九～一〇六頁、参照）。

一方、古事記の成立を「序」に書かれている通りに認識しようと考える研究者からは、わたしの古事記「序」についての見解に対しては、何も反応がない。しかし、古事記「序」の天武の命令と、日本書紀天武十年三月条の命令とにおける、史書編纂の二つの事業の重なりをどのように説明するかという点は、古事記「序」を本物とみなす研究者にとって重大な問題だと自覚しなければならない。それは、古事記を律令国家から切り離すかどうかという、信仰の根幹にかかわる危険な「踏み絵」になるはずである。あるいは、それを意図的に避けるために、両者の関係に触れない研究者が多いのかもしれない。

古事記の古層性

比喩の古層性

古層を探る

古事記本文は、七世紀後半には成立していたということを述べてきた。その成立は、「序」に書かれている和銅五年（七一二）より数十年も遡り、「序」は、本文ができて百数十年後の九世紀初頭に、「上表文」の体裁をとって付けられた。古事記の成立を、わたしはそのように考えるのだが、では、身分証明としての「序」を捨てた時、古事記本文の古さはどのように証明できるか、それが大きな問題になる。すでに論じたところでは、上代特殊仮名遣いにおける、「も」の仮名の甲・乙二類の書き分けは、重要な証拠になるであろう。しかし、それ以外に、具体的な成立年代を立証できる材料はない。ただ、古事記の表現や内容は、日本書紀のそれに比べたとき明らかに古いし、律令的な性格からも隔たっている。

ここでは、前稿「古事記の成立」を踏まえながら、古事記の古層性について、具体的な表現を通して確認してゆきたい。本稿で扱うのは、比喩と神名と系譜である。いずれも、古事記が「語り」の表現を受け継いだところに存在するということを明らかにすることができる材料ではないかと思う。

古事記には語りによって育まれたとみなすことのできる神話的な比喩表現が、さまざまに見出せる。また、神名にも、古層の語りが生きている。それらの表現を具体的に分析しながら古事記を読んでゆく。また、日本書紀には見出せない古層の系譜が古事記にはあり、それに律令国家が意図した父系とは別の関係が見出せるという点で、七世紀的な性格をもつとみなすことができる。

神話における比喩

まずは、古事記における比喩について考えよう。扱うのは文字資料だが、そこに見出せる比喩表現から見通したいのは、文字の外側に想定される音声による語りの表現である。その作業に大きな矛盾や断層があるのは承知しているが、書き記された古事記の神話を眺めてゆくと、音声表現の痕跡が浮き上がってくる。ここでとり上げるのは、そのようにして見えてくる音声の残滓《ざんし》ともいえる表現である。

そして、そこに古事記の古層性を見ようというわけである。

神話にとって比喩とは何かといえば、それは、「喩《ゆ》」が「喩」としては存在しない表現世界だと言えるのではないか。というのは、わたしたちにとって「喩」のようにみえる表現は、神話にとっては、まさに神そのものをあらわす具体的な描写とみなければならないからである。つまり、比喩表現と比喩されるものとが分化しないことばの中に神話の比喩はあり、それが神話を可能にしているのである。

別の言い方をすれば、存在しない神と生きてある人との関係、神々の世界と現実の世界との距離、それらを一挙に埋めてしまおうとする表現が比喩である。それゆえに、比喩表現そのものが神であり、神の世界であり、神の行動となる。神話においては、いわゆる「修辞」としての比喩は存在しないということになる。たとえば、次のような事例を確認しておこう。

次に、国稚《くにわか》く浮《う》ける脂《あぶら》の如《ごと》くして、クラゲナスタダヨヘル時、葦牙《あしかび》の如く萌《も》え騰《あが》る物に因りて成りませる神の名は、ウマシアシカビヒコヂの神。[次、国稚如浮脂而、久羅下那州多陀用弊流之時、如葦牙因萌騰之物而成神名、宇摩志阿斯訶備比古遅神]

ここに語られている「ウマシアシカビヒコヂ（宇摩志阿斯訶備比古遅）」という神名は、

単なる記号ではない。この名前は神話そのものだと見なすことができる。

古事記のウマシアシカビヒコヂ

古事記に描かれた神話によれば、ウマシアシカビヒコヂという神は、「葦の芽のように（泥の中から）萌え騰がる物［如葦牙因萌騰之物］」によって生まれた。それゆえに、ウマシアシカビヒコヂと名付けられたと語られている。つまり、「葦牙の如く［如葦牙］」は、修辞的にいえば直喩ということになるのだが、単純に比喩とは呼べないのである。なぜなら、この地上に初めて誕生した生命の兆しとしてのウマシアシカビヒコヂは、その神名アシカビからみて、「葦牙《あしかび》」そのものでもあるからである。

比喩であるはずのアシカビとウマシアシカビヒコヂという神名とは、比喩と比喩されるものというかたちに分化することができない。両者は一体のものとして存在するということである。つまり、神名そのものが比喩（立派なアシカビのような男神）であるとともに、実体（アシカビ＝湿地に生える葦の若芽）そのものでもあるという構造をもっている。

修辞的でありながら、アシカビが神そのものでもあるという関係、そこに神話における比喩のひとつのあり方が示されている。それはおそらく、口頭的、音声的な表現としてあったに違いない。その点を確認するために、この部分に対応する日本書紀正伝の表現を引用すると次のようになっている。

開闢《ひら》くる初めに、洲壌《くにつち》の浮《う》かび漂《ただよ》へること、譬《たと》へば游《あそ》ぶ魚《うを》の水の上に浮《うか》べるが猶《ごと》し。時に天地《あめつち》の中に一つの物生《ものな》れり。状《かたち》、葦牙《あしかび》の如く、すなはち神に化為《な》る。国常立《くにのとこたちの》尊《みこと》と号《まを》す。［開闢之初、洲壌浮漂、譬猶游魚之浮水上也。于時天地之中生一物。状如葦牙、便化為神。号国常立尊］（第一段正伝）

ここでは、「あしかびの如く［如葦牙］」という古事記と同一の表現をとりながら、アシカビのごとくに誕生した神は「国常立尊」であって、ウマシアシカビヒコヂではない。そして当然のことながら、誕生した神が国常立尊であることによって、「如葦牙」はまさしく修辞としての直喩として自立することになる。ここでは、「音＝アシカビ」と「イメージ＝国常立尊」とは直結していないから、音声の表現とは言えないのである。

右の部分に関していえば、日本書紀には、正伝のほかに六本の一書が並記されている。それを順番に抜き出してみると次の通りである。

日本書紀一書

①天地《あめつち》初めて判《わか》れしときに、一つの物、虚《そら》の中に在り。状貌《かたち》言ふこと難《かた》し。その中に自《お》づから化生《なりい》づる神有り。国常立尊《くにのとこたちのみこと》と号《まを》す。（第一段一書一）

②古《いにしへ》に国稚《くにわか》く地《つち》稚かりし時に、譬《たと》へば浮かべる膏《あぶら》の猶《ごと》くにして漂蕩《ただよ》へり。時に国の中

に物生《な》れり。状《かたち》、葦牙《あしかび》の抽《ぬ》け出《い》でたるが如《ごと》し。これに因りて化生《なりい》づる神有り。可美《うまし》葦牙彦舅尊《あしかびひこぢ》と号《まを》す。［古国稚地稚之時、譬猶浮膏而漂蕩。于時国中生物。状如葦牙之抽出也。因此有化生之神。号可美葦牙彦舅尊］（第一段一書二）

③天地混成《あめつちまじりな》る時に、始めに神人《かみ》有り。可美葦牙彦舅尊《うましあしかびひこぢ》と号《まを》す。（第一段一書三）

④天地《あめつち》初めて判《わか》れしときに、始めにともに生《な》れる神有り。国常立尊《くにのとこたち》と号す。（第一段一書四）

⑤天地未《あめつちいま》だ生《な》らざる時に、譬《たと》へば海の上に浮かべる雲の根《ね》、係《かか》れる無きが猶《ごと》し。其の中に一つの物生《な》れり。葦牙《あしかび》の初めて泥《ひぢ》の中に生《お》ふるが如《ごと》し。すなはち人に化為《な》る。国常立尊と号す。［天地未生之時、譬猶海上浮雲無所根係。其中生一物。如葦牙之初生泥中也。便化為人。号国常立尊］（第一段一書五）

⑥天地《あめつち》初めて判《わか》れしときに、物有り。葦牙《あしかび》の若《ごと》くして空の中に生《な》れり。これに因《よ》りて化《な》れる神を天常立尊《あめのとこたち》と号《まを》す。次に可美葦牙彦舅尊《うましあしかびひこぢ》。また物有り。浮かべる膏《あぶら》の若《ごと》くして空の中に生れり。これに因りて化れる神を国常立尊と号《まを》す。［天地初判、有物。若葦牙生於空中。因此化神号天常立尊。次可美葦牙彦舅尊。又有物。若浮膏生於空中。因此化神号国常立尊］（第一段一書六）

①と④にはウマシアシカビヒコヂ（可美葦牙彦舅）という神名も「如葦牙」という比喩表現も存在しないので除外する。③も比喩表現がないのではずす。残った②⑤⑥の三本の一書と、先に引いた古事記および日本書紀正伝の表現を、アシカビという比喩表現と比喩されるものとの関係のとり方を基準に、その喩のありようを表現史的に概念化し、古いものから順に並べてみると、次のようになる。

古事記 ⇩ ② ⇩ 「隔たり」 ⇩ ⑥ ⇩ 書紀正伝 ⇩ ⑤

日本書紀の一書三本のうちで、古事記の表現にもっとも近いのが②、日本書紀正伝の表現に近いのが⑥と⑤である。表現史的にいうと、古事記や②と、⑥や日本書紀正伝や⑤との間には、大きな「隔たり」があるといえよう。

古事記と日本書紀との違い

古事記と②との表現上の違いは微妙だが、同じとはいえない。というのは、「如葦牙因萌騰之物而成神名、宇摩志阿斯訶備比古遅神」とする古事記の表現では、先に述べたように「葦牙」の如く「萌騰之物」とウマシアシカビヒコヂとの距離は離れておらず、両者はほとんど一体のものとして認識されている。

それに対して、②の、「時に国の中に物生れり。状、葦牙の抽け出でたるが如し。これに因りて化生づる神有り。可美葦牙彦舅尊と号す。［于時国中生物。状如葦牙之抽出也。因此有化生之神。号可美葦牙彦舅尊］」という表現では、「これに因りて化生づる神有り［因此有化生之神］」という一文が独立することによって、葦牙の抽け出たごとくに国（大地）の中に生まれた「物」と、「化生づる神［化生之神］」である可美葦牙彦舅尊とが分離してしまう。そのために、「国の中に物生れり［国中生物］」とある「物」から可美葦牙彦舅尊が誕生（化生）したというふうにも読めてしまうのである。

それは実は、「萌え騰る物に因りて成りませる神の名［因萌騰之物而成神名］」と表現する古事記の場合も内容的には同じなのだが、比喩表現と比喩されるものとの関係からみれば、「萌え騰る物［萌騰之物］」と「宇摩志阿斯訶備比古遅」とが明瞭に分離していない古事記と、両者が分離した②とでは、微妙ではあるが隔たっていると見なせるのである。そして、この差異は、おそらく七文字あるいは八文字の漢字によって構成された漢文を並べつないでゆく日本書紀と、漢文体のなかに音仮名表記を包み込んだ「入れ子型」の表記法（藤井貞和『物語文学成立論』）をとる古事記との、文体の違いによって生じているということができるだろう。

一方、古事記や②と、⑥・日本書紀正伝・⑤とでは、比喩表現と比喩されるものとの関係のとり方が大きく違っている。後ろの三本の表現では、「如（若）葦牙」はどれも修辞としてしかはたらいていない。したがって、それら相互の差異はほとんど見出せないが、一応、次のように説明しておく。

⑥の場合は、「葦牙」のごとくに空中に生まれた「物」から「天常立尊」が誕生したという点では日本書紀正伝にひとしいが、そこに可美葦牙彦舅尊が並記されることによって、「若葦牙」という比喩表現と神名ウマシアシカビヒコヂとの繋がりはかろうじて保たれている。それが⑥と正伝とのあいだの表現の差異である。

一方、⑤の場合は、ウマシアシカビヒコヂという神名が完全に消滅しているという点で、日本書紀正伝のレベルと同じだといえよう。しかも、「其の中に一つの物生れり。葦牙の初めて埿の中に生ふるが如し。すなはち人に化為る。国常立尊と号す。［其中生一物。如葦牙之初生埿中也。便化為人。号国常立尊］」という⑤の表現では、初発の混沌に誕生した「一物」のさまが「如葦牙之初生埿中也」であったと表現する。それによって、国常立尊と名づけられ、「人」に化したという「一物」は、「葦牙」そのものではなく、葦牙がはじめて泥の中に萌え出たイメージを喚起させ、それが「一物」の誕生を比喩する表現になっている。

その意味で、⑤の表現は、日本書紀正伝の表現よりも比喩性がつよくなっているというふうに差異化できる。というのは、日本書紀正伝の場合、同様に混沌の世界に誕生した「一物」の「状」が「如葦牙」と表現されながら、「一物」と「葦牙」との間の形状的なつながりを残存させているとみられるからである。ただ、日本書紀正伝と⑤との間の表現史的な距離はほとんどないというふうにも言える。漢文の構文からみて、両者はともに、「譬猶……、如……」という共通した表現をもっており、ほとんど接近した内容になっている。しかも、この「譬猶……、如……」というかたちは②も同様で、日本書紀の漢文記述における技術上の共通性を窺わせている。

こうして並べてみた時、古事記の表現の質の古さは明らかだろう。おそらくそれは、古層にある音声を保持し続けているということとかかわるのである。その古層の表現を絶対年代に置き換えることはできないので、あいまいな論述にならざるをえないが、古層の音声を漢字によって書き記すという試みが、このあたりの叙述には見出せるのである。

天津麻羅の象徴性

象徴化された表現

比喩という言い方が適切かどうかは問題であるが、神話を読んでいて気づくのは、ウタなど韻律的な表現には見出せない象徴化された表現が存在するということである。とくにそれは古事記に目立つ表現であり、純粋な漢文体を志向した日本書紀には見られない。たとえば次のような表現である。

その嶋に天降《あまくだ》り坐《ま》して、天《あめ》の御柱《みはしら》を見立《みた》て、八尋殿《やひろどの》を見立てましき。ここに、その妹《いも》イザナミ命を問ひて曰《の》らさく、「汝《な》が身は、如何《いか》にか成れる」と。答へて曰《まを》さく、「吾《あ》が身は成《な》り成りて成り合《あ》はぬ処一処《ところひとところ》在り」と。しかして、イザナキ命の詔《の》らさく、「我《わ》が身は成《な》り成りて成り余《あま》れる処一処《ところひとところ》在り。かれ、この吾《あ》が身の成《な》り余《あま》れる処《ところ》を以《も》ちて、汝《な》が身の成り合《あ》はぬ処に刺《さ》し塞《ふさ》ぎて、国土《くに》を生み成《な》さむと以為《おも》ふ。生むこと如何《いか》に」と。〔於其嶋天降坐而、見立天之御柱、見立八尋殿。於是、問其妹伊耶那美命曰、汝身者如何成、答曰、吾身者成々不成合処一処在。爾、伊耶那岐命詔、我身者成々而成余処一処在。故、以此吾身成余処、刺塞汝身不成合処而、以為生成国土。生奈何〕

ここに語られているのは始源の性交である。そこでは、「成り合はぬ処〔不成合処〕（女性器）」と「成り余れる処〔成余処〕（男性器）」との結合（刺塞）として語られているのだが、このような象徴的な表現をとるのは、たんに直接的な言い回しを回避しているというようなことではなく、このように語ることによって、交わりの起源としての「性交の発見」を語り出すことができたということを示している。

これを「換喩」と言ってよいかどうかは別として、「成り合はぬ処」とか「成り余れる処」とかいう象徴的な表現をとることによって、語るという行為を成り立たせているということができる。つまり、現実の男女の性交という日常性を、始源の神々の世界に移しかえる表現が右のような言い回しであった。そして、それは「語り」において求められる表現であった。

こうした表現を音声的な語りの問題にできるのは、一方の日本書紀においては、漢文で書くという行為によって果たされる始源の性交は次のように記述されているからである。

漢文で表記する神話

陰神《めのかみ》に問ひて曰《のたま》はく、「汝《な》が身に何《なに》の成れるところか有る」と。対《こた》へて曰はく、「吾《あ》が身に一《ひと》つの雌《め》の元《もと》の処《ところ》有り」と。陽神《をのかみ》の曰はく、「吾が身にも雄《を》の元の処《ところ》有り。吾が身《み》の元の処を以《も》ちて、汝が身の元の処に合せむと思欲《おも》ふ」と。ここに陰陽始《めをはじ》めて遘合《みとのまぐはひ》し、夫婦《いもせ》と為《な》りたまふ。［問陰神曰、汝身有何成耶。対曰、吾身有。一雌元之処。陽神曰、吾身亦有雄元之処。思欲以吾身元処、合汝身之元処。於是陰陽始遘合、為夫婦］（第四段正伝）

描かれている内容は、どちらも同じである。しかし、「雌の元」「雄の元」と表すのと、「成り合はぬ処」「成り余れる処」と表すのとでは、大きな差異が生じてしまう。それゆえに、日本書紀では性交を、古事記のように「刺し塞《ふさ》ぐ」という隠喩的な言い回しをとらずに、素っ気なく「合《あは》す」と表現するしかないのである。

古事記の、「成り成りて成り合はぬ処」とか「成り成りて成り余れる処」とかいった表現を用いた男女神の会話や、「吾が身の成り余れる処を以ちて、汝が身の成り合はぬ処に刺し塞ぎて、国を生み成さむと以為ふ」という、いささか奇妙なと感じられる言い回しによるイザナキの求愛表現は、おそらく音声による「語り」の中で要求され、その場に笑いをもたらす装置であったに違いない。それは、ここに表れた表現が韻を踏んだ語呂合わせになっており、音声を媒介にしてしか効果を発揮しない表現だということを考えれば明らかなはずである。

性的な笑い

話題が少しばかり下品になったついでに、もうひとつ、同様の性的な笑いを含んだ象徴的な表現について述べておく。アマテラスがスサノヲの乱暴に耐えかねて天の石屋《いわや》の中に籠もってしまった時、オモヒカネ（思兼神）によって企てられた祭の準備を描く場面の一節である。

常世《とこよ》の長鳴鳥《ながなきどり》を集め、鳴《な》かしめて、天《あめ》の安《やす》の河《かは》の河上《かはかみ》の天の堅石《かたしは》を取り、天《あめ》の金山《かなやま》の鉄《くろがね》を取りて、鍛人天津麻羅《かぬちあまつまら》を求めて、伊斯許理度売命《いしこりどめ》に科《おほ》せて、鏡を作らしめ、
［集常世長鳴鳥、令鳴而、取天安河之河上之天堅石、取天金山之鉄而、求鍛人天津麻羅而、科伊斯許理度売命、令作鏡］（古事記）

この場面、日本書紀第七段をみると、鏡作りの作業は正伝にはまったく描かれておらず、アマツマラもイシコリドメも登場しない。また、一書においても、「かれ、すなはち石凝《いしこり》

姥《とべ》を以《も》ちて冶工《かぬち》とし、天香山《あまのかぐやま》の金《かね》を採《と》りて日矛《ひほこ》に作る」（一書一）、「すなはち鏡作部《かがみつくり》が遠《とほつ》祖天糠戸《おやあまのあらと》といふ者には鏡を造らしめ」（一書二）、「上枝《ほつえ》には以《も》ちて鏡作《かがみつくり》が遠祖《とほつおや》天抜戸《あまのぬかと》が児石凝戸辺《こいしこりとべ》が作れる八咫鏡《やたかがみ》を懸《か》け」（一書三）と語られているばかりで、アマツマラは名前も出てこないのである。どうも日本書紀では、アマツマラという名前を出したくなかったらしい。

イシコリドメという女神の名には、石のように凝り固めるという意味があり、それは鏡作りの祖神にふさわしい名前である。一方、鉄を鍛える鍛冶屋アマツマラの名義については、沈黙する日本書紀と同様に研究者の筆も重い。それは、マラを「男根」の意味だと断定するのをためらっているからではないかと勘ぐってしまいたくなるほどである。しかし、アマツマラの「麻羅」は、男根をさすとみる以外に明解はありえない。この点については、南方熊楠《みなかたくまぐす》の「『魔羅考』について」という論文を読めば反論の余地はない。それにもかかわらず、南方説を紹介あるいは支持する注釈書は、西郷信綱の『古事記注釈』だけである。

その中で西郷は、南方熊楠の、「鍛人はカヌチと訓むべし、金打ちの義、と宣長は言った。鉄槌もて強く金を打つから、親譲りの鉄槌も必ず強いという意で、鍛人を麻羅と名づけたのだ。さしも妖艶絶世のヴェヌスが、玉面のアポルロ、軽快なメルクリーに聴かず、その他美容に富んだ諸神を打ちやって、汗に染み、煤《すす》に汚れた跛鍛工、ヴァルカンを夫としたは、よくよくよい処に執着したのだ」という発言を排し、民俗学的な解釈を導入して、「鍛冶らのいつく神は金山の神だが、この金山の神は実はやはり山の神なのである。そしてすでに指摘されているように、男根は山の神の好物であった。そして鍛冶はそのいつく神の好物の名を己れの名としたのではなかろうか」と述べるが（『古事記注釈』第一巻、三二三頁。文庫版、第二巻、一三八頁）、いかがなものであろうか。

この場面を読むかぎり、西郷の自信なさそうな説明よりも、南方の強引な発言を支持したい。なぜなら、ここに描かれているのは、「親譲りの鉄槌」をもつアマツマラと、その鉄槌を固くすることのできる女神イシコリドメとの競作によって八咫の鏡は打ち出されなければならないからである（本当は剣であったほうがよいのだが）。

アマツマラとイシコリドメ

イシコリドメについて、西郷信綱は、「溶けた鉄を堅石の上できたえて凝り固めて鏡を造るという意ではなかろうか。トメは老女の意である」と述べているが（前掲書、三二五頁。文庫版、一四二頁）、トメを老女とみるのは間違っている。トメのト（ド）は格助詞「つ」の音訛と考えられるから、「～トメ」は、「～の女（トメ）」の意であって、老女を意味する語ではない。しかも、神話を読めば明らかだが、この場面では、若くて魅力的な女神でなければアマツマラの鉄槌を固くすることなどできない。

おそらく、この神話の解釈は次のように考えられる。

鏡は、槌を打つ鍛人アマツマラと相槌のイシコリドメとによって鍛えられた鉄で造られた最高の作品でなければならない。そして、溶けた鉄が固められるのは、鍛人のマラが石のように固くなるからなのである。描かれている鉄を打つ作業は、マラを石のように凝り固める女神によって、鍛人のマラが鉄槌のごとくに固くなるという連想が内側に抱え込まれることによって、はじめて神話になるのである。鉄を固めて鏡を作る作業とアマツマラの男根を固くする術とが二重化されており、そのいずれもがイシコリドメの力としてあり、それが二重化されたままにこの神話は語られている。

ここに語られている神名イシコリドメとアマツマラとに籠められた神話的なイメージを、卑猥だとか下品だとか見なすのは誤りである。もちろん、この表現から浮かびあがってくる像は、卑猥で滑稽な男女の交合のさまであるが、それこそが聖なる鏡を生み出すことのできる力であり、神話的な語りが抱え込まなければならない喩性だった。

ここでは、漢文体表現によって成立した日本書紀の表現と、和語を志向し音声を残存させたようにみえる古事記の表現との違いを、比喩という概念を介在させることで眺めてきた。扱った資料が限られているために恣意的にみえる部分があったかもしれないが、ここで述べたことは、他の部分に関しても矛盾をきたすことはない。おそらく、古事記上巻における比喩表現は、多くの場合、音声的な「語り」の問題として説明できるのである。

年代を特定することは不可能だが、こうした書かれた古事記の背後に見出せる「語り」は、律令的な歴史認識の中では求められていないのは明らかだ。律令国家が要請した歴史は、漢文を用いて書かれることで普遍化された歴史である。それは、日本書紀がそうであるように、時間と空間を超えて運ばれる。それに対して、「語り」を基盤とした歴史は、時間と空間にしばられて存在する。律令以前の「語り」の場が支えた表現の残存を、ここにも見出すことができる。

古事記系譜の古層性

トメ・トベについて

古事記の系譜には、古層を残存していると思われるものが散見される。それはとくに、「欠史八代《けっしはちだい》」と呼ばれる、古事記中巻のはじめのところに置かれた第二代カムヌナカハミミ（綏靖天皇）から第九代ワカヤマトネコヒコオホビビ（開化《かいか》天皇）にかけての八代の天皇たちの系譜に顕著に見出せる。ここでは、そうした系譜の古層性を確認しながら、古事記の古さについて考えてゆくことになる。ここでいう「古さ」とは、ひとまず、非「律令」的な性格というふうに考えておく。

古事記の「欠史八代」のすぐあと、第十一代イクメイリビコ（垂仁《すいにん》天皇）のところで語られるサホビコ・サホビメという兄妹は、第九代ヒコオホビビのところに載せられたヒコイマス（日子坐王）の系譜に出ている。そして、その系譜は、きわめて異例な、母系の系譜によって伝えられている。

日子《ひこ》坐《います》王《のみこ》、山代《やましろ》の荏名津比売《えなつひめ》、またの名は苅幡戸弁《かりはたとべ》を娶《めと》りて、生みし子、大俣《おほまたの》王《みこ》。次に、小俣《をまた》王。次に、志夫美宿禰《しぶみのすくね》王。〈三柱〉

また、春日建国勝戸売《かすがのたけくにかつとめ》が女《むすめ》、名は沙本之大闇見戸売《さほのおほくらみとめ》を娶りて、生みし子は、沙本毘《さほび》古《こ》王。次に、袁耶本《をざほ》王。次に、沙本毘売命《さほびめのみこと》、またの名は佐波遅比売《さはぢひめ》。次に、室毘古《むろびこ》王。〈四柱〉

ふつうなら、結婚相手の女性の親については、男性（父親）の名前が記されるはずなのに、サホビコ・サホビメの母「沙本之大闇見戸売」の親「春日建国勝戸売」は、「戸売」という名前からみて女性と認められるのである。つまり、母カスガノタケクニカツトメの女《むすめ》サホノオホクラミトメというかたちで、「母―女」という系譜になっているのである（次頁図1参照。○＝女、△＝男）。

ところが、このトメという語が語尾につく神や人を、明確に女性と判断している注釈書類は少なく、男女ともに用いるとみなす見解が有力である。「～トメ」は、「～トベ」と音が交替するが、たとえば西郷信綱『古事記注釈』第三巻では、開化記の「苅幡刀弁」の項

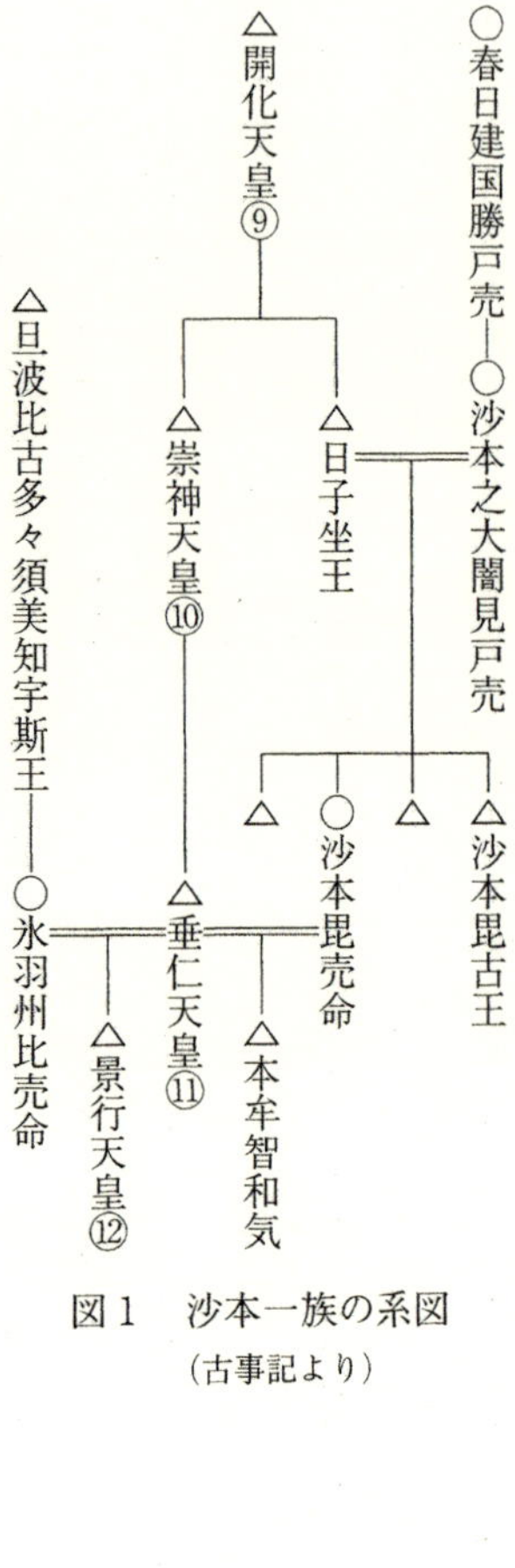

図１　沙本一族の系図
（古事記より）

に、「トベは荒河刀弁（崇神記）名草戸畔（神武紀）等とあり、必ずしも男女を問わぬが、女をさす場合の方が多いようである」と解説している（一五五頁。文庫版、第五巻、二〇七頁）。ここで西郷が、トベを女性と断定しないのは、「〜トメ（トベ）」という語の検証が不足していることに加えて、記紀の系譜は男系によって記されるものだという固定観念があるからだと思われる。

前述「天津麻羅の象徴性」でとり上げたイシコリドメという女神の説明でふれたが、「〜トメ」は「〜の女」の意である（本書、一六三頁）。また、「〜トメ（ドメ）」「〜トベ」という語尾をもつ神名・人名のすべてを、女性名とみなしてよいということは別に論じた

（三浦「母系残照」）。そして興味深いのは、「母—女」という表示が、父系継承をとる天皇の結婚系譜にも見出せることである。

イクメイリビコ（垂仁）の后となったサホビメが、「春日建国勝戸売—沙本之大闇見戸売—沙本毘売」という三代にわたる母系の系譜をもつのと同様に、古事記のミマキイリビコ（崇神天皇）の婚姻系譜には、「木国造《きのくにのみやつこ》、名は荒河戸弁《あらかはとべ》が女《むすめ》、遠津年魚目々微比売《とほつあゆめまぐはしひめ》を娶《めと》りて」という「母—女」系譜が、古事記に存在する。

数は少ないが、父系的な性格がきわめて濃厚な天皇の婚姻記事の中に、明らかに母系の系譜を主張する母と娘が見出せるというところに注目しながら、以下、天皇の婚姻系譜における母系的な性格について考察を加えてみたい。

婚姻系譜に見出せる母系要素

古事記には、初代カムヤマトイハレビコ（神武）からタチバナノトヨヒ（用明）にいたる三十一代の天皇系譜があり、そのうちの二十九名の天皇に、合計八十四名の后妃との結婚が記されている。それら八十四名の后妃の親の名は、父親が記載されている事例がほとんどで（姉妹が一人の天皇と結婚したり、二代以上の天皇に后妃を出す親もいるから重複もあるが）、豪族を父とする后妃が三十名、先代天皇または皇族を父とする后妃が三十名あり、全体の七割を占めている。

ところが一方で、親の名を記さない者九名（いずれも地方豪族の女と考えられる）と神の子一名（神武皇后イスケヨリヒメ）とを除いた十四名（全体の一七％）は、父親の名を記さないという点で、従来から注目されてきた。その表示形式は、天皇と結婚する女自身を「祖」としたり、母や兄の名を記載したりしているのである。

ちなみに、日本書紀の場合は、父系的な婚姻関係が強く、神武から天武までの三十九代（弘文は除く）のうち、婚姻記事をもつ三十四名の天皇と結婚した后妃は百三十一名を数えるが、豪族の女が五十五名、皇女および皇族の女が四十四名で、これらはいずれも父を親と表示しており、父系的な系譜をもつ后妃が全体の七六％となる。それ以外の事例で母系的とみなせるのは、八名（全体の六％）を数えるのみである。その中には本人を「祖」とする例はなく、いずれも母か兄の名を記した事例である。

日本書紀にしか記載されていない崇峻以降の天皇に母系的とみなせる系譜は存在しない上に、用明《ようめい》天皇までの后妃のほとんどは古事記と重複する同一の女性でありながら、その親をどのように記載するかという点において、両者の性格はずいぶん違うのである。そして、天皇の婚姻に関して言えば、全体の傾向として、日本書紀が母系的な系譜を回避しようとしているのは明らかである。

以下、母系的な性格をもつとみられる后妃の事例を掲げ、必要なコメントを付しておく。まずはじめに掲げたのは、天皇と結婚する女自身を「祖」とする事例である。

本人を氏族の「祖」とする事例

①師木県主《しきのあがたぬし》が祖《おや》、河俣毘売《かはまたびめ》（綏靖記）［日本書紀では「磯城《しき》県主が女、川派媛《かはまたびめ》」］
②師木県主が祖、賦登麻和訶比売命《ふとまわかひめ》、亦《また》の名は飯日比売命《いひひめ》（懿徳《いとく》記）［日本書紀では「磯城県主、太真稚彦《ふとまわかひこ》が女、飯日媛《いひひめ》」］
③尾張連《をはりのむらじ》が祖、意富阿麻比売《おほあまひめ》（崇神記）［日本書紀では「尾張の大海媛《おほあまひめ》」］
④三尾君《みをのきみ》等が祖、名は若比売《わかひめ》（継体記）［日本書紀では「三尾角折君《みをのつのをりのきみ》が妹、稚子《わくご》媛《ひめ》」］

后妃本人を、ある一族の「祖」とする事例は古事記にしか見られず、日本書紀では「△が女」や「△△が妹」というかたちになっている。これは、倉塚曄子《あきこ》が言う通り、「『祖』であったものを『某之女』としてしまうような異伝の成立は、一般的な女性史の経過だけを考えてみても当然A→B（祖から女への改変――三浦、注）の順であったと想定できるのであってその逆はほとんど考えられない」とみなしてよい（倉塚「皇統譜における『妹』」）。つまり、古事記のかたちが日本書紀のかたちに変えられたということである。

また、これら天皇の婚姻相手が県主および地方豪族層であるという点は、次にとり上げる「母―女」系譜にも共通した特徴として注目しておく必要があるだろう。ただし、ここに見られる「祖」は、必ずしも「ウヂの系譜上の始祖」ではなく、「ウヂの直系的祖先の兄弟姉妹・一族といった一群の人々」を含んでいると考えておくのがよいようだ（明石一紀『古代親族構造の研究』二六七頁）。いずれにしても、古事記において天皇と結婚する女のうちの四名が、氏族の「祖」とされているというのは、興味深いことである。

「○○が女」という「母―女」関係をもつ事例

次に示す事例は、親子関係が、「母―女」というかたちで表示されており、用例は少ないが、注目すべき事例である。

①倭国豊秋狭太媛《やまとくにとよあきさだひめ》が女《むすめ》、大井媛《おほゐひめ》（日本書紀、孝昭天皇）〔古事記になし〕

②木国造《きのくにのみやつこ》、名は荒河刀弁《あらかはとべ》が女《むすめ》、遠津年魚目々微比売《とほつあゆめまぐはしひめ》（崇神記）〔日本書紀では「紀《き》伊国《のくに》の荒河戸畔《あらかはとべ》が女、遠津年魚眼眼妙媛《とほつあゆめまぐはしひめ》」〕

②に引いた荒河刀弁（荒河戸畔）は、古事記と日本書紀に共通する、唯一の「母―女」系譜の事例である。①は日本書紀だけにみられる事例で氏族名を欠くが、十市県主《とおちのあがたぬし》であることは『十市県主系図《とおちのあがたぬしけいず》』によって明らかとなる。右の二例は、父系が強調された日本

書紀ではきわめて異質な系譜である。そして、こうした「母—女」系譜が律令的な性格が濃厚な日本書紀に現れているところに、数は少ないが、母系的な性格の根深さが露出しているとみなければならない。

なお、ここには、先に引いた古事記の事例、ヒコオホビビ（開化）のところにあった「春日建国勝戸売が女、名は沙本之大闇見戸売」（日子坐王系譜）という后妃以外の「母—女」関係を加えることができる。その日子坐王と大闇見戸売との間に生まれた沙本毘売《さほびめ》（佐波遅比売）がイクメイリビコ（垂仁）に召されて結婚する。その婚姻関係はあとで示すように、「兄—妹」関係によって表示されているが、系譜としては、完全な「母—女」系譜である。

天皇家が外から女を娶るのは、父系継承をとる一族だから当然だが、母系継承をとるサホビメの一族からいえば、サホビメを天皇に譲ってしまうと、サホ一族はその血筋を継承することができなくなってしまう。このことは、父系継承をとる一族と母系継承をとる一族との結婚が原理的には不可能だということを示している。

それを許容するためには、二人の間に生まれた男子は父系の側に帰属し、女子は母系の側に帰属するか、女の男キョウダイ（サホビコ）が、外から配偶者を娶《めと》って女子を生ませ、その子を自分たち一族のもとに帰属させてゆくか、選択すべき継承は限られてしまう。自分たちの一族を繋いでゆくためには、そのどちらかしか選べないのだが、結果的にはそのような選択は行われず、母系を捨てて父系へと移行した。律令制度の成立は、日本列島から母系継承を断絶させてしまったのである。

「△△が妹」という兄妹関係をとる事例

父系でも母系でもありえた社会から父系へ、あるいは母系から父系へと、日本列島の世代継承は移行した。そして、右の「母―女」系譜をもつ一族と男系継承をとる天皇との婚姻は、歴史上の一時期に生じた、父系と母系とがぶつかり合い、ついには父系によって覆われてゆくという過渡的な出来事を象徴し凝縮した遺物ではないかとわたしは考えている。そして、次に引く兄妹による系譜の表示は、そうした母系から父系への過渡期に現われてきたのである。

①阿多《あた》の小椅君《をばしがきみ》が妹《いも》、名は阿比良比売《あひらひめ》（神武記）［日本書紀には「日向《ひむか》国の吾田邑《あたのむら》の吾平津媛《あひらつひめ》」］

②尾張連《をはりのむらじ》が祖《おや》、奥津余曾《おきつよそ》が妹、名は余曾多本毘売命《よそたほびめ》（孝昭記）［日本書紀には「（尾張連が遠祖《とほつおや》、瀛津世襲《おきつよそ》が妹）世襲足媛《よそたらしひめ》」］

③穂積臣《ほづみがおみ》等が祖、内色許男命《うつしこを》が妹、内色許売命《うつしこめ》（孝元記）［日本書紀には「（穂積臣が

遠祖、鬱色雄命《うつしこを》が妹）鬱色謎命《うつしこめ》」］

④丸邇臣《わにのおみ》が祖、日子国意祁都命《ひこくにおけつ》が妹、意祁都比売命《おけつひめ》（開化記）［日本書紀には「和珥《わに》臣が遠祖、姥津命《ははつ》が妹、姥津媛《ははつひめ》」］

⑤沙本毘古命《さほびこ》が妹、佐波遅比売命《さはぢひめ》（垂仁記）［日本書紀には「狭穂姫《さほびめ》」とあるのみ］

⑥三尾氏《みをのうぢ》の磐城別《いはきわけ》が妹、水歯郎媛《みづはのいらつひめ》（日本書紀、景行）［古事記に系譜なし］

⑦桜井田部連男鉏《さくらいたべのむらじおさひ》が妹、糸媛《いとひめ》（日本書紀、応神）［古事記には「桜井田部連が祖、嶋《しま》垂根《たりね》が女、糸井比売《いとゐひめ》」］

⑧意富本杼王《おほほどのみこ》が妹、忍坂之大中津比売命《おしさかのおほなかつひめ》（允恭記）［日本書紀には「（稚渟毛二岐皇子《わかみけふたまたのみこ》が女）忍坂大中姫《おさかのおほなかつひめ》」］

⑨大日下王《おほくさかのみこ》が妹、若日下部王《わかくさかべ》（雄略記）［日本書紀には「草香幡梭姫皇女《くさかのはたびひめのひめみこ》」とあるのみ］

⑩尾張連等が祖、凡連《おほしのむらじ》が妹、目子郎女《めのこのいらつめ》（継体記）［日本書紀には「（尾張連草香《くさか》が女）目子媛《めのこひめ》」］

⑪三尾君加多夫《みをのきみかたぶ》が妹、倭比売《やまとひめ》（継体記）［日本書紀には「（三尾君堅楲《かたび》が女）倭媛《やまとひめ》」］

⑫三尾角折君《みをのつのをりのきみ》が妹、稚子媛《わかこひめ》（日本書紀、継体）［古事記には「三尾君等が祖、名は若《わか》

比売《ひめ》」〕

ここに掲げた事例では、古事記と日本書紀との間で一致するものが三例しかなく（②③④）、そこに二つの歴史書の性格の違いが如実にあらわれているとみなすことができる。たとえば、日本書紀は、「△△が妹」という兄妹関係を回避している事例が六例も存在する（①⑤⑧⑨⑩⑪、⑤は説話では兄妹関係を語る）。そのうちの三例は、日本書紀では父系的な「△△が女」になっている（⑧⑩⑪）。また、古事記が本人を「祖」とするのを、日本書紀では兄妹とする事例が一例みられる（⑫）。

日本書紀では兄妹の関係としている事例（⑥⑦）を、古事記では「父―女」関係にしている事例が一例ある（⑦、⑥は古事記に記事がない）。しかし、全体的な傾向としては、母系を重んじる古事記に対して、父系を優先する日本書紀という、両者の系譜観念の違いは明らかである。

古層としての欠史八代系譜

かなり煩雑なかたちで事例を紹介したが、以上のことから何が見えてくるか、以下に検証してみたい。

ここに引いた事例は、例外もあるが、第二代カムヌナカハミミ（綏靖）から第九代ワカヤマトネコヒコオホビビ（開化）に至る、いわゆる「欠史八代」の天皇たちの婚姻記事に特徴的に見出せる。また、それらの后妃を出すのが、「県主」と呼ばれる奈良盆地に本拠地をもつヤマトの豪族層に多いということに気付く。そして、この二点は、注目すべき事実であると考えてよい。

欠史八代の系譜にみられる婚姻系譜について、すでに早く、倉塚曄子が次のように指摘していた（『巫女の文化』二四一頁）。

　この二代（神武・崇神―三浦、注）にはさまれた系譜に集中している妹貢上の記録は、神武から崇神に至る「歴史」過程の集約的表現といえる。王権確立の初期に、あるいは強力に抵抗しあるいは勢力を競いながらも協力した強大諸氏族の祭祀権を中央に集中させるという過程を経てはじめて崇神朝の事業は可能となったのである。これが記紀の、より正確にいうなら古事記の語らんとする歴史である。欠史時代などとよびならわされているものの、ないがしろにはできない歴史であったのだ。

いわゆる欠史八代に関する歴史学の見解は、「天皇家の歴史を延長し、日本建国の歴史を荘重悠久ならしめるために、七世紀以降において造作され、神武と崇神のあいだに挿入された」とみるのが通説であり、「綏靖以下八代の系譜の中に大和の県主家の女が后妃としてあらわれるのは、天武朝前後の時期の造作であり、それはこのころ、壬申の乱を契機として勢力をえた県主家と天皇家との間に存した密接な関係の反映」であると考えられている（直木孝次郎『日本古代の氏族と天皇』二一六〜二三五頁）。

右の直木説を承け継いだ小林敏男も、欠史八代の系譜は、「服属説話・祭祀儀礼の帝紀的表現」であって、「現実の婚姻関係を示すもの」ではなく、「神婚説話の帝紀的表現である后妃記載の定着時期は、天武朝〜持統朝」であると述べている（「所謂『欠史八代』における県主后妃記載」）。

欠史八代の系譜が天皇家の歴史と国家創建の歴史を「荘重悠久ならしめる」ために造作されたという認識に異議を唱えたいわけではない。しかし、そこに記された系譜のすべてを、天武朝あるいは天武・持統朝に作られたとみたのでは、なぜ、第十代ミマキイリビコ（崇神）以前の系譜に集中的に、氏族の「祖」とされる女性や「母―女」系譜をもつ后妃が存在するのか、また、「△△が妹」というかたちで父系（「△△が女」）を回避したようにみえる系譜が含まれているのはなぜか、というような疑問を解消することはできない。

母系系譜の捻出

意図的に「古代」を強調するために母系の系譜を捻出したというのであれば、なぜ日本書紀はそうしなかったのか。あるいは、「天武朝〜持統朝」（七世紀後半から末期）という、歴史書の成立時期とそれほど離れていない頃に作られた系譜であるならば、なぜ、これほどに古事記と日本書紀との間に異同が生じてしまったのか。しかも、その異同が単なる混乱と言えないのは、古事記と日本書紀との相違が、一定の方向性をもって表れているということからみて明らかである。つまり、古事記と日本書紀の系譜には、それぞれの歴史書の性格が反映しているとみなければならないのである。

こうした事実からみて、歴史学の通説に対する疑問はつのるばかりだ。古事記も日本書紀も、その歴史叙述は、総体的にみれば父系（家父長）的な関係を主張しているのは明らかである。そうでありながら、その内部に分け入って検証してみると、古事記が母系的にみえる系譜を濃厚に残存させていることの意味は大きいのではないかと思うのである。

ここに見出せる系譜から、歴史的な事実を詮索しようというのではない。ただ、古事記の系譜には、日本列島の古層に存した、ある「事実」が潜められているのではないかと考えるだけである。というより、これらの系譜が、ある段階で造作されたとして、その背後に、たとえ遠い記憶になっていたとしても、母系的な親族・家族関係を抱え込んでいなければ、古事記の系譜のいくつかは記述されえなかったのではないか。そういう点で、欠史八代の系譜を、そのすべてが「天武朝前後の時期の造作」だと言い切っただけでは、いかなる説得力も持ちえないのは明らかであろう。

古事記と日本書紀の系譜を比較したとき、両者には明瞭な差異が存在することがわかった。日本書紀の場合は、女性の「祖」と「△△（男）が妹」というかたちで表示される系譜を明らかに回避している。「△△が妹」とする事例はいくつかあったが、古事記の系譜に見られる四例の「祖」（女性を「祖」とする事例）は、すべて別のかたちに置き換えられていた。また、古事記にある「△△が妹」のいくつかが、日本書紀では父系表示の「△△が女」になっていた。こうした統一的な移行は、伝承上に生じた差異というよりは、意図的な改変の結果であるとみなければならない。

一方、古事記の場合、女性を「祖」とする事例や、「△△が妹」という系譜を語ることで、何らかの意図、たとえば特別な「古代」を仮構するというような意図があるとは認められない。三〜五世紀ごろの日本列島においては、父系的な氏族と母系的な氏族とが混在したのではないかという想定を可能にするだけである。

母系から父系へ

古事記系譜を読むと、ヲホド（継体天皇）の時代より前と、それ以後とでは、系譜に対する認識が大きく違っているという印象を受ける。この点は、日本書紀についても言えそうだが、皇女（先代天皇の女）が次の天皇の后妃

（とくに皇后）になるというかたちが顕著になるのは、ヲホドのあたり、六世紀はじめ頃からである。これは、天皇家において、「血」の純粋さを基準とした婚姻関係が志向されはじめたということを意味しているだろう。そして、純血といった観念の成立は、それほど古いものではないということがわかる。

母系的、あるいは双系（双方）的な社会が古層に存在したという痕跡を窺わせる系譜の残存は、いわゆる「欠史八代」の系譜が七世紀末に捏造されたというような認識を否定する。それはまた、倉塚曄子『巫女の文化』に示された、女性の宗教的な霊能や「氏族の祭祀権」の中央への集中という事実が反映しているという説明だけではすまない親子・家族・親族関係が、日本列島に広く存在したことの証左になるのではないか。

ここに検証した通り、古事記と日本書紀とを比べると、その系譜のありかたに大きな違いがあることがわかった。そして、古事記の系譜に見出せる特徴は、古層の系譜が残存しているためであった。そこに、古事記という歴史書の成立の古さが露出しているとみてよいだろう。それを、わざわざ古めかしくするために造作したというふうには、とても言えないはずである。

律令的な系譜関係としての父系制は、日本書紀の系譜の細部にまでおおむね反映しているとみてよい。そして古事記には、非「律令」的な母系関係が系譜のあちこちに見出せるのである。そうしたところにも、古事記の反国家的、反律令的な性格は明瞭であるということができるだろう。

時代を特定できるものではないが、本稿で論じてきた、表現（比喩）や神名や系譜から見通すことのできる古事記の性格は、前稿「古事記の成立」で論じた点と齟齬するものではないということがはっきりした。そして、それらは七世紀的な性格に基づいているとみるのがもっともわかりやすいと考えられるのである。

【付記】

表現の古層性をいくら指摘しても、そこに絶対年代を見出すことはできない。本稿の論述があいまいな印象を与えるのは、そのためである。ただ、ここで試みたような作業を積み重ねること以外に、「序」を排除して成立の目安を失くした古事記の古さを探る手だては見つからない。そして本稿のほかにも、今までわたしが進めてきた研究の中には、古事記の表現に見出せる古層性を追究したものが多い。たとえば、本書の刊行に先立ち文春文庫に入った『古事記講義』の諸論でも、古事記の神話や伝承の古層を考えている。併せてお読みいただければありがたい。

倭武天皇

常陸国風土記と中央の歴史

倭武天皇という呼称

中央と地方

いわゆる風土記の撰録は、「日本書　地理志」を編むための材料として各国に命じられた。そのあたりの事情については、本書冒頭の「『日本書』の構想」で論じたが、結局のところ、「志」は完成することなく、「日本書」の構想は潰えた。

現在に遺されている五ヵ国（常陸、播磨、出雲、豊後、肥前）の「解《げ》=風土記」と、後世の資料に引用されて残った逸文によって、わたしたちはさまざまな情報を手に入れることができる。その中で、常陸国風土記には、地方の国における歴史認識を知る上で興味深い伝承が伝えられている。その一つが、「倭武天皇《やまとたけるのすめらみこと》」という、正史・日本書紀はもちろん、古事記にも出てこない天皇の伝承である。

倭武天皇の伝承は、常陸国南端の信太《しだ》・茨城《うばらき》・行方《なめかた》・香島《かしま》の各郡と、北端の久慈《くじ》・多珂《たか》の二郡に集中的にみられるのだが、この倭武天皇とはいかなる人物で、なぜ常陸国を巡ることになったのか。そのことを通して、「いくつもの歴史」の可能性を考えてみる。

倭武という天皇が八世紀初頭に、東の果ての常陸国で、なぜ伝えられていたのか。それを考えることによって、常陸国風土記の歴史認識とはいかなるものであったかを考えたい。そこから、七世紀以降の中央と地方における歴史認識の一端が窺えると思うからである。

倭武天皇の意味するもの

常陸国風土記に十一回も登場する倭武天皇の「倭武」という呼称を漢風諡号《しごう》とみなすことはできないから、倭武は「やまとたける」と訓読する以外にないだろう。とすれば、古事記で倭建命《やまとたけるのみこと》、日本書紀で日本武《やまとたけるの》尊《みこと》と表記されるヤマトタケルという英雄と同一人物ということになるのだろうか。

まるで古事記と日本書紀とを折衷したような漢字を用いているが、あるいは、「倭建」とはべつの系統として、「倭武」という表記があり、その「倭」が「日本」に変えられることで、日本書紀の表記「日本武」が登場することになったのかもしれない。

いずれにしても、常陸国風土記の「倭武」は、古事記と日本書紀に登場するヤマトタケルのことと考えて間違いなかろう。しかし、記紀の伝えでは、東征の帰途に病気になって死んだために即位することのないヤマトタケルに、なぜ常陸国風土記は「天皇」という称号を与えたのか。もちろん、天皇という称号が用いられていることに異論があるわけではない。常陸国風土記には他にも、美麻貴《みまき》天皇や大足日子《おほたらしひこ》天皇という呼称が登場するし、「天皇」号の使用が七世紀後半の天武朝に始まるということを考えれば、八世紀初頭に成立した常陸国風土記に天皇という称号が出てくるのは当然である。

他の現存風土記にも、「天皇」という称号は登場する。しかし、常陸国風土記以外の現存風土記には、古事記や日本書紀の中で天皇になっていない人物のことを「天皇」と称する例はなく、「倭武天皇」はきわめて例外的な存在なのである。逸文をみると、『阿波国風土記』の「勝間井《かつまゐ》の冷水《しみづ》」（『万葉集註釈』巻七、所引）に、「倭健天皇命《やまとたけるのすめらみこと》」という呼称がある。この記事が和銅年間に撰録された風土記にあったとすれば、ヤマトタケルを天皇とする伝えは、常陸国以外にも広がっていたということが証明できるが、それを確認することはできない。また、倭武（倭健）天皇以外には、常陸国風土記に「息長帯比売天皇《おきながたらしひめのすめらみこと》の朝《みかど》」（茨城郡条）という呼称が一例あるだけである。

この特異な「倭武天皇」という呼称について、猪股ときわは、常陸国という一地方を舞台としているとはいえ、筆録者らが「天皇」位に着かなかった『古事記』『日本書紀』のヤマトタケルに無知であったとは、とうてい考えられないのである。むしろ両書の存在を十分に認知しうる立場から、常陸国に身を置いて書くことで、両書には描きえなかった、常陸国に身をもって移動してくる「天皇」と出会ってしまったのではないか。（「常世の国の倭武天皇」）

というふうに問題を提起し、分析の結果、以下のような結論を導き出している。

「倭武天皇」とは、ヤマトタケル伝承一般に解消される者ではなかった。あえて『古事記』『日本書紀』に比類する「東」へと赴いた初代天皇たる「神武」や「神倭」に相当する、常陸国にとっての初代の「天皇」であった。

右の論述には、いくつかの疑問や納得できない点もあるが、倭武が「常陸国にとっての初代の『天皇』であった」というのは、興味深い指摘である。

風土記の撰録と記紀

いわゆる風土記撰録の官命が出たのは和銅六年（七一三）五月だが、その命令を受けて、「解《げ》」としての常陸国風土記が中央に提出された年月を明らかにすることはできない。その漢文の巧みさから藤原宇合《うまかい》が国司として赴任していた時期（養老三年〈七一九〉～六、七年頃）の成立とみなそうとする見解もあるが、常陸国風土記が、「郡—里」の行政呼称を用いることからみて、郷里制《ごうりせい》が施行される霊亀《れいき》三年（七一七）以前に成立していたとみるのが妥当と考えられる。

郷里制の施行については、出雲国風土記の最初に置かれた「総記」中の「霊亀《りょうき》元年の式に依《よ》りて、里《り》を改めて郷《きやう》と為《な》す（依霊亀元年式、改里為郷）」という記事によって「霊亀元年」とみなされていたが、最近の研究によれば、「元年」は「三年」の誤写とされ、霊亀三年説が有力である（鎌田元一『律令公民制の研究』）。

郷里制の施行が霊亀三年だとすると、常陸国風土記は、和銅六年（七一三）の官命から四年以内に撰録されたということになる。出雲国風土記が官命から二十年を経て成立したのに比べて迅速すぎるという人もいるだろうが、出雲国風土記のほうに特殊な事情があったとみるべきで、官命に対する「解」としては、命令を受ければできるかぎりすみやかに処理するのが当然である。

右のように考えると、少なくとも常陸国風土記の撰録時には、日本書紀はまだ存在していなかったということになる。また、古事記についていえば、この書物が存在したのは間違いないが（「序」を除いて）、律令国家の中で公的な書物として認められていたわけではない。とすれば、猪股ときわの指摘とは逆に、常陸国風土記の筆録者たちの前には、古事記も日本書紀も存在していなかったとみるのが正しいということになる。当然、ずっと後に作られる漢風諡号である「神武」という語も古事記「序」に用いられている「神倭」(カムヤマトイハレビコのこと)という表記も存在しなかった。

撰録された時期からみて「天皇」という呼称が用いられていたのはたしかだが、初代カムヤマトイハレビコからはじまる、現在、わたしたちが古事記や日本書紀に基づいて認識している歴代天皇の代数や継承順位が、常陸国風土記の筆録者たちに同じように認識されていたかどうか、それはきわめて疑わしい。彼らが、一般に認められているように、中央から派遣された国司層であったとしても同じである。

そもそも、律令国家において、天皇の初代からの継承順位が確定したのはいつ頃のことだったのか。古事記の最後に記されたトヨミケカシキヤヒメ(推古)までの三十三代の天皇の継承についていうと、古事記と日本書紀の間に異同はない。とすると、古事記本文が記述された七世紀後半までには、現在と同じ継承順位が定着していたのかもしれない。しかし、それを律令国家が公式に認定したのは、養老四年(七二〇)に完成した日本書紀を待たねばならないのである。そして、わたしたちの知っているのと同じだとしても、古事記に載せられている皇位継承の系譜をみると、紆余曲折があったらしい痕跡が見え隠れしている。

天皇の継承について

第十二代にあたるオホタラシヒコ（景行）の後を継いで天皇になったのは、揺るぎなくワカタラシヒコ（成務）であったのかどうか。ワカタラシヒコの次の天皇がタラシナカツヒコ（仲哀）であることから考えれば、タラシナカツヒコの父親という系譜をもつヤマトタケルが、オホタラシヒコを継いで皇位に就いていたとしても、いっこうに不思議ではない。

古事記中巻の天皇たちの中で、直系の父子継承をとらないのは、ワカタラシヒコ――タラシナカツヒコの部分だけである（図2「古事記中巻の天皇継承」参照）。そして、それ以外はすべて直系継承をとっているところから考えれば、遠征の途次の病没という出来事がなければ、オホタラシヒコ――ヤマトタケル――タラシナカツヒコ、と繋がるのが自然だったはずだ。その痕跡は、古事記のヤマトタケル系譜に窺える。

古事記では、ヤマトタケルの悲劇物語を語ったあとに、ヤマトタケルの妃や子女たちの系譜が詳細に記述されている。こうした系譜の存在は、天皇以外ではきわめて例外的なことで、他には、ワカヤマトネコヒコオホビビ（第九代開化）の子ヒコイマス（日子坐王）に見出せるだけである。そして、そのことは、現在伝えられている古事記や日本書紀の皇位継承の順位が成立する前の、いつの段階かにおいて、ヤマトタケルがオホタラシヒコ（景行）を継ぐ存在であったということを明かしているようにみえるのである。

そうした認識を、六、七世紀の大和朝廷（あるいは初期の律令国家）がもっており、その認識にしたがって常陸国風土記の「倭武天皇」が描かれているとみると、常陸国風土記にヤマトタケルが「倭武天皇」とされている理由を矛盾なく説明できる。

それとは違って、常陸国に住む人びとが、ヤマトタケルの悲劇的な死に同情して、ヤマトタケルを「天皇」に仕立てたというような説明は、その撰録が中央政府から赴任した国司層によって担われていたということを考えたとき、きわめて不自然な解釈になってしまう。それでは、天皇の継承に異を唱える反逆的な行為にもみえてしまうからである。

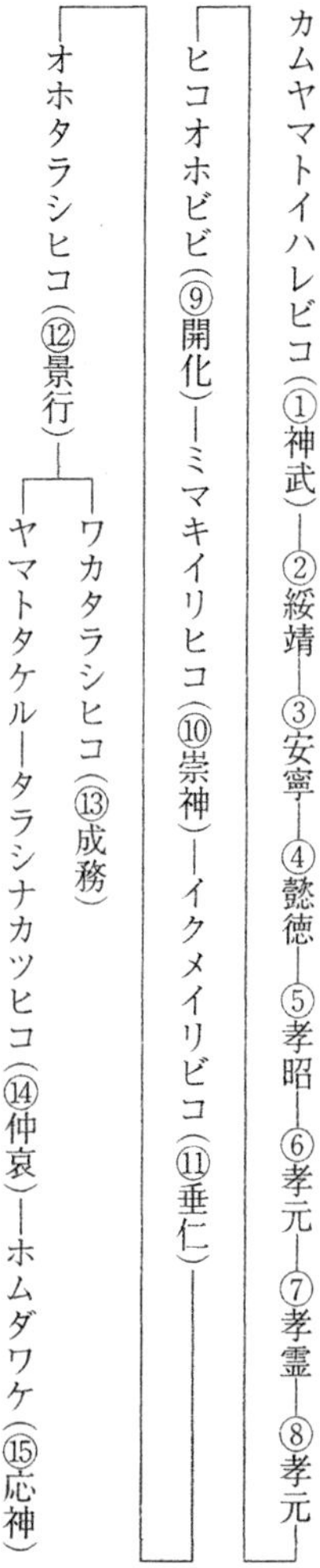

図2　古事記中巻の天皇継承

タチバナと倭武天皇

記紀のヤマトタケルと常陸国

ひとりの天皇として、倭武は、常陸国を経巡《へめぐ》り、土地の名付けをし、いくつかの事績を遺していった。それだけのことであれば、古事記や日本書紀の伝承とは直接関係のない、都からやってきた英雄のひとりとして倭武天皇をとらえることができる。播磨国風土記の品太《ほむだ》天皇（応神）と同様の、巡り歩く王者の物語が、服属的な性格を帯びつつ土地の伝承として語られていたと考えられるからである。

また、豊後国風土記や肥前国風土記のように、日本書紀の成立以降に、中央で編纂された歴史書の影響を受けながら常陸国風土記が編まれたというのであれば、日本書紀と重ねながら、「纏向《まきむくの》日《ひ》代宮《しろのみや》に御宇《あめのしたしろしめ》しし天皇」あるいは「大足彦《おほたらしひこ》天皇」（ともに景行天皇のこと）の事績を語ればよいわけで、どうしてもヤマトタケルを語りたければ、天皇とはせずに「日本武尊」という名の皇子を登場させればよかったのである。

あらためて確認しておくと、古事記の倭建命の伝承では、例の走水《はしりみず》の海（浦賀水道）でのオトタチバナヒメ（弟橘比売命）の入水《じゆすい》を語ったあと、「七日の後、その后の御櫛《みくし》海辺《うみへ》に依《よ》りき。すなはちその櫛を取りて、御陵《みはか》を作りて治《をさ》め置きき」と語られている。これは、地理的な関係からみて、常陸国ではなく上総《かずさ》国に属しており、それに続く部分には、

> それより入り幸《い》でまして、悉《ことごと》に荒《あら》ぶる蝦夷等《えみしども》を言向《ことむ》け、また山河《やまかは》の荒《あら》ぶる神等《かみたち》を平《たひら》げ和《やは》して、還《かへ》り上《のぼ》り幸《い》でます時、足柄《あしがら》の坂本に到りて、御粮《みかれひ》食《を》す処《ところ》に、……

とあるだけで、常陸国はまったく出てこない。

ただし、足柄坂から甲斐国の酒折《さかおり》宮に至って倭建命が歌ったという「新治《にひばり》　筑波《つくは》を過ぎて　幾夜《いくよ》か寝つる」という片歌の中に常陸国の地名が二つ出てくるから、蝦夷《えみし》討伐の帰途に常陸国を通過したことはわかる。ところが、常陸国風土記の倭武天皇の事績は、南端と北端にかたよった分布を示しており、新治・筑波の二郡をはじめ、中央部にはまったく伝承がない。

一方、日本書紀の場合は、オトタチバナヒメ（弟橘媛）の入水のあと、走水の海を房総半島に渡ったヤマトタケルは、上総国から常陸国の沿岸に沿って、船で北上するというルートを辿って蝦夷の地に入ったと伝えている。しかし、そこにも常陸国での事績は何も語られず、蝦夷の地を平らげて帰る時に、「常陸を歴《へ》て、甲斐《かひ》国に至りて酒折《さかをり》の宮に居《ま》します」（景行四十年是歳条）と記されているにすぎない。

古事記や日本書紀のヤマトタケルの伝えでは、常陸国は通過点としてしか登場せず、ほとんど無視されている。それなのに、常陸国風土記では、一方的なかたちで倭武天皇への熱い思いを寄せるのである。これは、どう考えても、現存する中央の歴史とは別の歴史認識によっているというしかない態度である。

タチバナを名乗る女性

常陸国風土記にみられる倭武天皇の伝承のうち、古事記や日本書紀と関連すると断定できるものはひとつも存在しない。前述のとおり、撰録時には日本書紀は成立しておらず、古事記は律令国家にとって公式の歴史書としてあったわけではないのだから、記紀と共通するものがなくて当然と言えようか。その中で、あえて指摘するとすれば、以下のような伝承に、古事記や日本書紀のヤマトタケル伝承との、わずかなつながりを指摘することができる。

①或《あ》るひといへらく、倭武天皇、東《あづま》の夷《えみし》の国を巡り狩《みそな》はして、新治《にひばり》の県《あがた》を幸過《すぎいで》まししに、国の造《みやつこ》毘那良珠《ひならす》の命を遣はして、新たに井《ゐ》を掘らしむるに、流るる泉浄《いづみきよ》く澄み、いと好愛《めづら》しかりき。時に、乗輿《みこし》を停《とど》めて、水を翫《め》で、手を洗ひたまひしに、御衣《みけし》の袖《そで》、泉に垂《た》れて沾《ひ》ぢぬ。すなはち袖を漬《ひた》す義《こころ》によりて、この国の名と為《な》す。(総記)

②また、倭武天皇の后《きさき》、大橘《おほたちばな》比売《ひめ》命、倭《やまと》より降《くだ》り来て、この地に参《まゐ》り遇《あ》ひたまひき。故《かれ》、安布賀《あふか》の邑《むら》と謂ふ。(行方《なめかた》郡相鹿《あふか》里)

③ここより艮《ひむがしきた》のかた三十里《さと》に、助川《すけかは》の駅家《うまや》あり。昔、遇鹿《あふか》と号《い》ふ。古老《ふるおきな》の曰《い》へらく、倭武天皇、ここに至りたまひし時に、皇后《おほきさき》、参り遇ひたまふ。よりて名とす。(久慈《くじ》郡助川の駅家)

④その道前《みちのくち》の里に飽田《あきた》村あり。古老の曰へらく、倭武天皇、東の垂《さかひ》を巡《めぐ》りまさむとして、この野に頓宿《やど》りたまひしに、人あり、奏《まを》しけらく、「野の上に群《む》るる鹿《しか》、数なく、いと多し。その聳《そび》ゆる角は、芦枯《かれあし》の原のごとく、その吹気《いぶき》を比《たと》ふれば、朝霧の立つに似《の》れり。また、海に鰒魚《あはび》あり、大きさ八尺《やさか》ばかりなり。また、諸種《くさぐさ》の珍《めづ》らしき味はひ、遊漁《うをのあそび》の利《さち》多し」と。ここに、天皇、野に幸《いでま》して、橘《たちばな》の皇后《おほきさき》を遣《や》りて、海に

臨《のぞ》みて漁《すなど》らしめ、捕獲《えもの》の利《さち》を相競《きそ》はむと、山と海の物を別《わか》れて採《と》りたまひき。この時、野の狩《かり》は、終日《ひねもす》駈《か》り射《い》たまへども、一つの宍《しし》だに得たまはず。海の漁《すなどり》は、須臾《しまらく》がほど才《わづか》に採《と》りて、ことごとく百《もも》の味はひを得たまひき。〔以下、略〕（多珂《たか》郡飽田《あきた》村）

①では、「新治の県」という地名が、蝦夷討伐の帰りに通過したところとして語られているという点で、古事記のヤマトタケル伝承を連想させる。しかし、①の全体は、弘法大師の事績としてしばしば語られる後世の井戸掘り伝承と同じである。英雄や宗教者などの偉人が外からやって来て、水がなくて困っていた人びとを助けるというのが井戸掘り伝承の基本的なかたちだが、①もその類型としておさえることができる。したがって、ここに登場する倭武天皇は、来訪する偉人という以上の性格を与えられているわけではない。

②～④は、タチバナという名をもつ女性と倭武天皇とのエピソードを伝えているが、この名は、古事記や日本書紀のオトタチバナヒメ（弟橘比売・弟橘媛）を想起させる。しかし、日本書紀は成立していないのだから当然として、走水の海で「渡り（海峡）の神」への生贄《いけにえ》となって入水する古事記のオトタチバナヒメと何らかの接点があるかといえば、タチバナという名前以外に共通するところは見出せない。

古事記の「弟」と②の「大」との対応からみて、両者を妹と姉とみなすこともできようし、オホ（大）はオト（弟）の訛りとみなすこともできるだろうが、常陸国風土記の②〜④の伝承には、古事記や日本書紀のオトタチバナヒメが伝えているような悲劇的、犠牲的な性格はみられない。旅する倭武天皇により添う「皇后」という、なごやかな風景があるだけである。

おそらく、常陸国風土記のタチバナという女性にかかわる伝承は、ヤマトあるいはその周辺で伝えられていた悲劇の英雄ヤマトタケルの伝承とは別個に語り継がれていたものとみなしてよい。ただし、それらのヤマトタケル伝承と常陸国風土記の倭武伝承とを包み込む、原「ヤマトタケル」とでもいえる人物の伝承が存在したということは考えなければならないだろう。

理由は明らかにならないが、ヤマトタケルを名乗る主人公には、タチバナを名にもつ女性がはじめからつきまとっていた。それが古事記や日本書紀のような、犠牲となって入水する伝承を可能にし、一方で、常陸国風土記のように旅先でめぐり会う英雄とその妻の伝承を語らせることになった。

そのタチバナという名前が、常陸国風土記の冒頭に記された、「古《いにしへ》、常世《とこよ》の国と云へるは、蓋《けだ》し疑ふらくは此の地《くに》ならむか」という記述を引き出してきたのかもしれない。タチバナという植物は、古事記のタヂマモリ伝承（中巻、垂仁天皇条）が伝えているように、常世の国に育つ木である。おそらく、タチバナを名にもつ女性には、聖なる少女のイメージがこめられているのだろう。

いくつもの倭武天皇

今までに述べた以外の倭武天皇の伝承がどのような内容をもつかというと、その一類として、①に似た井戸掘り伝承が見出せる。たとえば、以下のような話である。

井戸を掘る倭武天皇

⑤　郡《こおり》の東《ひむがし》十里に、桑原《くははら》の岳《をか》あり。昔、倭武天皇、岳の上に停留《とどま》りたまひて、御膳《みけつもの》を進奉《たてまつ》りたまふ。時に、水部《もひとりべ》をして新たに清井《ゐ》を掘らしめたまふに、出泉《いづみ》浄《きよ》く香《かを》り、飲喫《の》むにいと好かりしかば、勅《みことの》りしたまひしく、「よく渟《たま》れる水かな」と。これによりて、里の名を、今、田余《たまり》と謂《い》ふ。（茨城《うばらき》郡田余里）

⑥　行方の郡と称《い》ふ所以《ゆゑ》は、倭武天皇、天の下を巡り狩《みそな》はして、海の北を征平《ことむ》けたまふ。

ここに、この国を経過《す》ぎ、すなはち、槻野《つきの》の清泉《しみづ》に頓幸《いでま》し、水に臨みてみ手を洗ひたまひしに、玉もて井《ゐ》を為《つく》りき。今も行方の里の中《うち》に存《あ》りて、玉の清井《しみづ》と謂ふ。（行方郡玉の清井）

どちらも、倭武天皇を起源として伝えられる井（清水）の伝承である。先にふれたように、後世の弘法大師の伝説に通じるもので、共同体にとって豊かな水の湧く土地への願望のつよさを示している。そして、これらの伝承には倭武天皇という固有の存在が必須の条件としてあるわけではない。よそからやって来た偉人によって掘られた井戸だという伝えこそが必要だったのである。

⑦　或《ある》は曰はく、倭武天皇、この浜に停宿《やど》りまして、御膳《みけつもの》を羞《すす》めまつる時に、ふつに水《みもひ》なかりき。すなはち、鹿《しか》の角を執《と》りて地《つち》を掘《ほ》りしに、その角折《つのを》れぬ。所以《ゆゑ》に名づく。

（香島《かしま》郡角折《つのをれ》の浜）

泉が湧いたとは語られていないが、⑦もまた、同様の性格をもつ伝承である。水のない場所というのは、人の住むところにはならない。おそらく角折の浜は、訪れた倭武天皇によっても秩序化することのできない場所だったのである。

征服する倭武天皇

倭武天皇は弘法大師ではない。穏やかな姿の裏側には、征服者としての一面をもっている。次のような伝承がその典型である。

⑧　古老《ふるおきな》の曰ひしく、倭武天皇、巡り行《おは》しまして、この郷《さと》を過《よぎ》りたまひしに、佐伯《さへき》、名を鳥日子《とりひこ》と曰ふものありき。その命《みこと》に逆《さか》ひしによりて、すなはち略殺《ころ》したまひき。やがて、屋形野《やかたの》の帳宮《かりみや》に幸《い》でますに、車駕《みくるま》の経《ふ》る道狭《みちさ》く、地深浅《つちたぎたぎ》しかりき。悪《あ》しき路《みち》の義《こころ》を取りて、当麻《たぎま》と謂ふ。〔俗《くにひと》、多支多支斯《たぎたぎし》と云ふ〕（行方郡当麻郷）

全体は地名起源譚に仕立てられており、どこの国の風土記でも、もっとも一般的な伝承である。しかしここでは、当麻《たぎま》という地名の起源を語るだけなら必要のない佐伯（土蜘蛛《つちぐも》と同じく、服属しない土着の豪族を呼ぶ呼称）の討伐譚が古老の伝えとして加えられているのである。そして、ここからは、倭武天皇という存在が、常陸国にとって、服属を迫るヤマトの支配者としての貌をもっていることがわかる。

外部から訪れる者は、先の井戸掘り伝承にみられるような土地の苦難を救済する偉人であるとともに、一方で、土地を略奪する権力者でもあるのだ。そしてそれは、常陸国風土記にかぎったことではないし、倭武天皇の専売というわけでもない。ごく普遍的なかたちの来訪する支配者の一面を示しているということになる。

天皇が地方を巡行する伝承には、服属という性格がいつもつきまとう。そしてそれは、⑧のような殺戮《さつりく》という手段によって具体的に描かれる場合もあるが、風土記ではふつう、地名の名付けとして語られることが多い。いうまでもなく、それは服属の証しともなる。

⑨　古老の曰へらく、倭武天皇、海辺《うみべた》を巡り幸《いでま》して、行きて乗浜《のりはま》に至りたまひき。時に、浜浦《はま》の上《ほとり》に、多《さは》に海苔《のり》を乾《ほ》す。これによりて能理波麻《のりはま》の村と名づく。（信太《しだ》郡能理波麻の村）

⑩　また、波耶武《はやむ》の野あり。倭武天皇、この野に停宿《やど》りて、弓弭《ゆはず》を修理《つくろ》ひたまひき。よりて名づく。（行方郡波耶武の野、波耶武は波須武《はずむ》とも）

⑪　古老の曰へらく、郡より南、近くに小さき丘あり。体《かたち》、鯨鯢《くぢら》に似たり。倭武天皇、よりて久慈《くじ》と名づけたまひき。（久慈郡、郡名由来）

いずれも倭武天皇が巡行の途中で見た風景や行為をもとに名付けられている。とりたてて特別な伝承ではないし、倭武天皇でなければならない理由もない。そして、どの天皇が選ばれてもかまわない場合に、常陸国風土記では倭武天皇が引き出されるのである。

選択される天皇

地方の伝承において、土地と天皇とはどのように結びつくのか。そのことを探るために、次のような異なる国の二つの伝承を並べてみる。

⑫　無梶河《かぢなしがは》より部陲《くにのさかひ》に達《いた》りたまへば、鴨《かも》の飛び度《わた》るあり。（倭武）天皇、躬《みづか》ら射《い》たまへば、鴨、迅《と》く弦《ゆづる》に応《あた》りて堕《お》ちき。その地《ところ》を鴨野と謂ふ。（常陸国風土記、行方郡鴨野）

⑬　品太《ほむだ》天皇、巡り行きし時、この鴨《かも》飛び発《た》ちて、修布《すふ》の井の樹《き》に居《を》りき。この時、天皇、問ひて云はく、「何の鳥ぞ」と。侍従《おもとびと》、当麻《たぎま》の品遅部君前玉《ほむぢべのきみさきたま》、答へて曰はく、「川に住める鴨なり」と。勅《の》りて射しめし時、一《ひと》つの矢を発《はな》ちて二つの鳥に中《あ》てき。すなはち、矢を負ひて、山の岑《みね》より飛び越えし処《ところ》は、鴨坂《かもさか》と号《なづ》け、落ち斃《たふ》れし処は、すなはち鴨谷《かもたに》と号け、羹《あつもの》を煮《に》し処は、煮坂《にさか》と号く。（播磨国風土記、賀毛郡上鴨里・下鴨里）

複数の地名を連ねながら語ることによって、⑬の播磨国風土記の伝承は、⑫にくらべて複雑なかたちになっている。それによって、品太天皇（応神）の滑稽さを笑う話になっているのだが、内容的には⑫と⑬は同質の伝承である。それを、常陸国風土記では倭武天皇を主人公として語り、播磨国風土記では品太天皇を主人公として語る。

それぞれの伝承がどの天皇を主人公として選ぶか、その選択は、おそらく各風土記の性格によって決定される。あるいは、それぞれの地方における中央との関係性に起因するというべきかもしれない。播磨国にとっては品太天皇がもっとも緊密な存在として、常陸国にとっては倭武天皇がなじみ深い存在だったのである。それが九州の風土記の場合には、景行天皇になる。

⑭　昔、倭武天皇、舟に乗り海に浮びて、島の磯を御覧《みそな》はししに、種々《くさぐさ》の海藻《め》、多に生《さは》ひて、茂り栄《さか》ゆ。よりて名づく。今も亦然《しか》り。（常陸国風土記、多珂郡藻嶋《めしま》の駅家《うまや》）

⑮　曩者《むかし》、海藻《め》、この井《ゐ》の底に立つ。纒向《まきむく》の日代宮《ひしろのみや》に御　宇《あめのしたしろしめ》しし天皇、巡り狩《みそなは》しし時に、井の底の海藻《め》を御覧《みそなは》したまふ。すなはち勅《みことのり》して名を賜《たま》はり、海藻《め》立《た》つ井と曰ふ。今は訛《よこなま》りて米多井《めたゐ》と謂ひ、郷《さと》の名とす。（肥前国風土記、三根郡）

「海藻」になにか特別の意味があるのかどうかはわからない。どちらも、繁茂する海藻を見た天皇が地名を付けたという伝承である。

こういう場合、肥前国風土記では「纒向の日代宮に御宇しし天皇」（大足彦天皇とも）の事績として語るのが一般的である。その理由は、肥前国風土記が、日本書紀の伝えと何らかのつながりをもって書かれているからである。それに対して、日本書紀の成立以前に撰録された常陸国風土記は、中央の歴史書には出てこない倭武天皇を引き出してくる。

征服する天皇

倭武天皇も、品太天皇も、大足彦天皇も、都という外部から訪れる偉人であり、侵略者であった。その来訪者に託して、地名の謂われや事物の起源が語られる。そのレベルでは、天皇であろうと神であろうと、語られる伝承の性格に違いはない。しかし、常陸国風土記では、なぜ倭武天皇を選択することになったのか。

先に述べたように、常陸国風土記の撰録時には日本書紀は存在していなかった。また、古事記が、撰録者たちにとって自明の書物であったとみなすこともむずかしい。その中で、中央の歴史では天皇にならずに夭逝した皇子が、常陸国風土記では「天皇」として語られるのである。

律令国家へと成長するヤマトの王権には、わたしたちが認識している歴代天皇の継承が固定化する以前の伝えがあり、そこではヤマトタケルが天皇になったという系譜を持っていた。そしてその人物は、品太天皇が播磨国を征服し巡行したと語られるように、九州の風土記において大足彦が遠征する天皇として伝えられたように、倭武天皇は、常陸国を含めた東国や蝦夷の地を征服する天皇として語られていたのである。そのように理解しないことには、倭武天皇の伝承が、これだけ多量に常陸国風土記に遺されているということを説明できないのではないかと思う。

そして、その段階においては、ヤマトタケルの、遠征途上での悲劇的な死は伝えられていなかったはずである。常陸国風土記に載せられた倭武天皇の伝承のいずれにも、死の陰や悲劇性は見出せない。他の天皇たちと変わりのない、遠征し巡行する天皇の像しかもっていないのである。

東への遠征が通過儀礼として機能することによって、ヤマトの勇者タケルは皇位に就くことができた。あるいは、倭武天皇が東の国々を巡行し平定《へいてい》したという伝承が語られていた。ところが、その英雄に悲劇的な陰が射し、遠征の帰途、伊勢の能煩野《のぼの》の地での死が語り始められる。その段階になって、中央の歴史からヤマトタケルの皇位継承が消えることになった。ところが、常陸国風土記の編纂段階においては、中央で消える前の継承が生き続けていたのである。

生き続けていたという点には説明が必要だろう。すでに、ヤマトタケルの死と天皇位からの離脱は優勢であったが、常陸国においては、悲劇的な死が語り出される以前の、天皇として巡行するヤマトタケルが生きており、常陸国風土記にはそれが採用された。中央から赴任していた国司層が、そうした「倭武天皇」を採用できたのは、中央の歴史において、まだ悲劇の御子像が定着するところまでは固まっていなかったからであろう。

こうした考え方を補強するのが、もうひとつの例外として名前を引いた「息長帯比売天皇」（常陸国風土記茨城郡条）である。オキナガタラシヒメは、ヤマトタケルの子タラシナカツヒコ（仲哀天皇）の后であり、神懸かりするシャーマン、朝鮮半島に遠征した女帝としてもよく知られている。日本書紀では、三十巻のうちの一巻を占めて叙述されながら、即位したとは記されていないのに、常陸国風土記では「天皇」と記されている。おそらく、オキナガタラシヒメも、倭武天皇と同様に、日本書紀が成立する以前には、中央においても、即位したという伝えをもっていたのである。

伝承が作る歴史

以上のことを整理すると、次のようになる。常陸国風土記の編纂が開始される段階において、「オホタラシヒコ（景行）――ヤマトタケル――タラシナカツヒコ（仲哀）――オキナガタラシヒメ（神功）――ホムダワケ（応神）」という皇位の継承が伝えられていた。もちろんそれは、常陸国における伝承ではなく、中央において有力な考え方としてあり、それが常陸に伝えられたものであったが、正史・日本書紀の編纂段階になると、律令国家の歴史認識は、「オホタラシヒコ（景行）――ワカタラシヒコ（成務）――タラシナカツヒコ（仲哀）――ホムダワケ（応神）」という継承へと変容していたのである。

その理由は、ヤマトタケル伝承が悲劇的な「死」の物語に成長していったことが原因のひとつであっただろう。伝承の成長が歴史を変えるなどということがあるわけはないと考える人もいるかもしれない。しかし、そうした考えは、伝承に対する認識が足りないために出てくるのであり、古代においては、伝承こそが歴史を作ると考えなければならないのである。

オキナガタラシヒメについていいえば、律令が浸透し、男系を絶対化しようとする傾向が強まり、その結果、「天皇」から消去されたというようなことも考えられる。しかし、トヨミケカシキヤヒメ（推古天皇）以降、女帝は多く即位することになるので、こうした考え方はあまり説得力がない。それよりも、ホムダワケ（応神天皇）を始祖王的な存在に持ち上げるために、神と交わる力をもったオキナガタラシヒメを、「天皇」という存在から外し、神の子を宿す「聖母」に位置づけることになったのかもしれない。

揺れ動く歴史

古事記は七世紀後半には存在していた。そして、そこではすでに、ヤマトタケルは悲劇の英雄であった。その悲劇性が父子の対立を回避するかたちで、八世紀初めには律令国家の正史・日本書紀に載せられることで、白鳥となって飛び翔《かけ》るヤマトタケルの死が、国家に公認された歴史になってゆく。ところが、日本書紀が成立する直前まで、国家の側にあったヤマトタケルは天皇であった。その一端が常陸国風土記の倭武天皇として定着した。

古事記が書物としてまとめられる直前には、王権（国家）とは離れたところでも、ヤマトタケルは王（天皇）であった。その痕跡が、古事記のヤマトタケル伝承の後ろに記載された倭建命の妃や子女たちの系譜である。その系譜は、間違いなく王位を継ぐ者のみに許されたものであった。

七世紀初めから八世紀初頭へ、律令国家の歴史叙述が繰り返し試みられた、およそ百年のあいだに、皇位継承の順序や継承者の顔ぶれは、いくたびも変転し揺れ動いたのだ。その揺れの中に、常陸国風土記の倭武天皇がおり、古事記の倭建命がおり、日本書紀の日本武尊がいた。

不明瞭な部分をまだ多く残しているが、常陸国風土記の倭武天皇の伝承は、天皇家の歴史が確定する以前の、「もう一つ」の歴史や系譜を垣間見せている。古事記でもなく、ましてや日本書紀でもない伝承や系譜が、じつはいくつも存在したのである。常陸国風土記はその一つにすぎない。それは中央においても同じであった。本書の論述を通してずっと述べてきたように、古事記という歴史書もまた、そうした得体の知れない「もう一つ」の歴史書として存在したのである。

わたしたちが、今、向き合えるのは、「いくつもの歴史」の後に見出された、統一への道筋であった。そして、わたしたちに見えるのは、さまざまな歴史の試みの、その最後のところだけなのである。しかし、揺れ動いていた歴史の片鱗だけでも確認できたことで、「史書」史の枠組みを見通すことができたのではないかと思う。

わたしの論述は、今はここまでしか辿れない。その先に、その奥に行くにはどうすればいいか、現在のところ見当がつかない。あらためて、考えを深めることができる機会が到来することを願うばかりである。

あとがき

おなじ神や人が出てくる似た話なのに、読んでみるとまったく違う物語になっている古事記と日本書紀とが、わずか八年を隔てただけで撰録されたのはなぜか。古代文学や古代史に興味をもつ人なら誰もが感じる疑問に、ようやくわたしなりの答案を書き上げることができた。かなり満足できる内容になったと思っている。

ちょうど五年前、吉川弘文館編集部の一寸木紀夫さんから、「神話と歴史」というテーマで執筆のお誘いをいただいた。最初の予定では、一年後には原稿を書き上げるつもりで目次案を渡した。ところが、その直後に出した古事記の口語訳が予想外に売れて仕事が割り込み、おまけに勤務先で部局長に選ばれたのが独立行政法人への移行期と重なり、「神話と歴史」などというテーマをゆったりと考える余裕がなくなってしまった。

というような言い訳をしながら時をやり過ごしていた。ただし、そのあいだ何もしなかったわけではない。『口語訳　古事記』を書いたおかげで、改めて古事記とは何かということを考える機会がふえ、それをもとに『古事記講義』という本をまとめることで、古事記の成立についての枠組みを作ることができた。それは端的にいえば、古事記「序」への疑いであった。そこに、以前から考えていた律令国家における歴史認識を重ねることで、本書にまとめた「史書」史（歴史書の歴史）を構想することができたのである。

結果的に、五年前に考えていた構想とはすっかり別の内容になってしまったが、予定通りに二〇〇三年に本を出していなくてよかったと思う。これぞ、怪我《けが》の功名である。

わたしは古代文学を専攻しているので、古事記を読む場合にも、日本書紀や風土記を読む場合にも、神話や伝承を対象にして、その構造や表現に向き合おうとする。本書でも、神話や伝承を通して「史書」史を考えようとした。描かれている神話や伝承から何が読めるか、そこから古事記と日本書紀との違いをどのように説明でき、風土記の成立をどのように論じることができるか、そこにわたしはこだわったつもりである。

そうした方法が、歴史学を専攻している方にどの程度受け入れられるか、一抹の不安がないわけではない。古代文学研究の側では、古代史研究の成果に対して親近感を抱いているが、歴史学のほうでは文学研究に対して距離を置く人が多いような気がしている。あるいはそれは、わたしの僻《ひが》みかもしれないが、本書が歴史文化ライブラリーの一冊に加えられるのは、歴史学研究者や古代史に興味をもつ方々に読まれる機会が多くなるという点で、とてもうれしい。

古事記という作品を律令国家から切り離し、その「序」を九世紀初頭に書かれたと主張する本書が、そう簡単に受け入れられるとは思っていない。その点だけは、歴史学研究でも文学研究でも変わりはないだろう。だから、すぐに認められたいとは思っていないが、本書を契機に、古代文学研究と古代史研究とのあいだで、歴史書の成立に関して意見交換ができる場が生まれることになれば望外の幸せである。

最後に、ずいぶん長くお待たせしてしまった一寸木さんと、編集作業を担当していただいた永田伸さんに、お詫びとお礼を申し上げる。頓首、多謝。

二〇〇七年一月

三浦佑之

参考文献一覧

＊本文中に直接引用した文献のみを掲げており、網羅的なものではない。引用に際して、本文中では、原則として著者名「論文名」あるいは著者名『書名』を記した。

赤坂憲雄「物語　空間　権力」（『現代哲学の冒険7　場所』岩波書店、一九九一年）
明石一紀『古代親族構造の研究』吉川弘文館、一九九〇年
嵐　義人「新字についての補考」（『国書逸文研究』一六号、一九八六年一二月）
石母田正「古代文学成立の一過程」（一九五七年発表、『神話と文学』岩波現代文庫、二〇〇〇年）
犬飼　隆「古事記と木簡の漢字使用」（『木簡による日本語表記史』笠間書院、二〇〇五年）
犬飼　隆『上代文字言語の研究　増補版』笠間書院、二〇〇五年
猪股ときわ「常世の国の倭武天皇」（『東北学』八号、二〇〇三年四月）
梅沢伊勢三『古事記と日本書紀の成立』吉川弘文館、一九八八年
梅山秀幸「宇治　暗闇の祭り」（『かぐや姫の光と影』人文書院、一九九一年）
大野　晋『日本語の起源』旧版、岩波新書、一九五七年
大山誠一『「聖徳太子」の誕生』吉川弘文館、一九九九年
大和岩雄『古事記成立考』大和書房、一九七五年
大和岩雄「『古事記』偽書説をめぐって」（『東アジアの古代文化』第一二三号〜連載中、二〇〇五年五月〜）
岡田英弘『倭国の時代』朝日文庫、一九九四年

岡田英弘『歴史とはなにか』文春新書、二〇〇一年
鎌田元一『律令公民制の研究』塙書房、二〇〇一年
神田喜一郎「『日本書紀』という書名」（日本古典文学大系『日本書紀』下・月報、岩波書店、一九六五年）
神田秀夫「古事記・上巻」（『国語と国文学』53―2、一九七六年二月）
神田秀夫・黛弘道・横田健一「（鼎談）記紀をどう読むか」（『歴史公論』4―1、一九七九年一月）
倉塚曄子「皇統譜における『妹』」（『文学』36―6、一九六八年六月）
倉塚曄子『巫女の文化』平凡社、一九七九年
倉野憲司ほか『論集　古事記の成立』大和書房、一九七七年
小島憲之『上代日本文学と中国文学』上・中、塙書房、一九六二・一九六四年
呉　哲男「日本書紀」（古橋信孝編『日本文芸史・古代I』河出書房新社、一九八六年）
呉　哲男『古代日本文学の制度論的研究』おうふう、二〇〇三年
小林敏男「所謂『欠史八代』における県主后妃記載」（『日本歴史』三五四号、一九七七年一一月）
西郷信綱『古事記の世界』岩波新書、一九六七年
西郷信綱『古事記研究』未來社、一九七三年
西郷信綱『古事記注釈』第一巻・第三巻、平凡社、一九七五・一九八八年（ちくま文庫、第一巻・第五巻、二〇〇五年）
西條　勉「偽書説後の上表文」（『古事記の文字法』笠間書院、一九九八年）

斎藤英喜「勅語・誦習・撰録と『古事記』」(『日本の文学』第一集、有精堂出版、一九八七年)
坂本太郎「六国史と伝記」(『日本古代史の基礎的研究』上、東京大学出版会、一九八七年)
友田吉之助「古事記の成立と序文の暦日」(『論集　古事記の成立』大和書房、一九七七年)
直木孝次郎『日本古代の氏族と天皇』塙書房、一九六四年
中西　進『古事記を読む3　大和の大王たち』角川書店、一九八六年
奈良県立橿原考古学研究所附属博物館『葛城氏の実像（特別展図録第65冊）』同館発行、二〇〇六年
野家啓一『物語の哲学―柳田國男と歴史の発見―』岩波書店、一九九六年
橋本進吉『古代国語の音韻に就いて　他二篇』岩波文庫、一九八〇年
藤井貞和『物語文学成立史』東京大学出版会、一九八七年
三浦佑之『浦島太郎の文学史』五柳書院、一九八九年
三浦佑之「神語りの表現と構造」(『古代叙事伝承の研究』勉誠社、一九九二年)
三浦佑之『万葉びとの「家族」誌』講談社、一九九六年
三浦佑之「説話累積としての倭建命説話」(『神話と歴史叙述』若草書房、一九九八年)
三浦佑之「母系残照」(『神話と歴史叙述』同前)
三浦佑之『口語訳　古事記［完全版］』文藝春秋、二〇〇二年（文春文庫、『口語訳古事記　神代篇』『口語訳古事記　人代篇』二〇〇六年）
三浦佑之『古事記講義』文藝春秋、二〇〇三年（文春文庫、二〇〇七年）
三谷栄一『古事記成立の研究』有精堂出版、一九八〇年

南方熊楠「『魔羅考』について」（一九三四年発表、『南方熊楠全集』5、平凡社、一九七二年）
森　博達『古代の音韻と日本書紀の成立』大修館書店、一九九一年
森　博達『日本書紀の謎を解く』中公新書、一九九九年
山田英雄『日本書紀』教育社歴史新書、一九七九年

＊　＊

奈良県立橿原考古学研究所「御所市極楽寺ヒビキ遺跡の調査（現地説明会資料）」
〈http://www.kashikoken.jp/from-site/2004/hibiki/hibiki.html〉二〇〇五年二月
著者ホームページ「神話と昔話―三浦佑之宣伝板―」
〈http://homepage1.nifty.com/miuras-tiger/〉

日本古代「史書」史年表

年次	史書および律令にかかわる事項
推古一二(六〇四)	〈憲法十七条〉の制定／「法」の起源＝聖徳太子
二八(六二〇)	〈天皇記・国記・氏族本記〉の撰録／「史」の起源＝聖徳・馬子
大化元(六四五)	〈天皇記・国記〉焼失／船史恵尺、焼け残りの〈国記〉を皇太子中大兄に献上
	〈大化の改新〉起こる＝新たな「法」の施行
二(六四六)	〈諸国境界と国県名〉の詔／境界の書と図の作成
天智元(六六二)	〈近江令二十二巻〉制定
九(六七〇)	〈戸籍〉の作成（庚午年籍）／戸籍の起源＝永久保存
天武一〇(六八一)	二月〈律令〉撰定の勅命（「人を分けて行ふべし」）
	三月〈帝紀・上古諸事〉記定の詔／川嶋・刑部ら十二名
	〈多禰国の図〉献上
一一(六八二)	〈新字〉一部四十四巻を造る／境部連石積ら
一二(六八三)	〈諸国境界〉の限分／伊勢王ら四名、及び判官・録史・工匠

	一三(六八四)	〈八色の姓〉の制定／〈諸国境界〉の確定
天武朝		(古事記・序)〈帝紀・本辞〉撰定の詔／舎人「稗田阿礼」の誦習
持統	三(六八九)	〈令〉一部二十二巻を班つ／浄御原令の施行
		〈撰善言司〉の任命／施基皇子ら七名
	五(六九一)	〈祖先の墓記〉上進の命（十八の氏に対して）
持統朝末～文武朝初		伊預部馬養「浦島子伝」成立（「日本書　伝」の構想）
文武	四(七〇〇)	〈令文誦習〉の詔
		〈律令〉撰定命令と禄／刑部親王・藤原不比等ら十九名
大宝元	(七〇一)	〈新律令〉撰定成る「大宝令」／刑部・不比等ら
	二(七〇二)	〈律令〉諸国に頒下〈国造記〉の成立／諸国国造の氏を定める
和銅	四(七一一)	(古事記・序)〈旧辞〉撰録の詔（記・序）／元明天皇から太安万侶へ
	五(七一二)	(古事記・序)〈古事記〉成り奏上／太安万侶から元明天皇へ
	六(七一三)	〈地誌〉＝風土記の撰録諸国に命ずる（「日本書　志」の構想）
	七(七一四)	〈国史〉撰定の命令／紀清人・三宅藤麻呂
養老	二(七一八)	〈養老律令〉完成／藤原不比等ら
	四(七二〇)	「日本書　紀」成り奏上（「紀三十巻、系図一巻」）／舎人親王ら

著者紹介

一九四六年、三重県生まれ

一九七五年、成城大学大学院博士課程単位取得修了

現在、千葉大学大学院人文社会科学研究科教授

主要著書

古事記講義　口語訳古事記〈神代篇／人代篇〉

日本古代文学入門　神話と歴史叙述　古代叙事伝承の研究　万葉びとの「家族」誌

歴史文化ライブラリー

229

古事記のひみつ

歴史書の成立

二〇〇七年（平成十九）四月一日　第一刷発行

著　者　三《み》浦《うら》佑《すけ》之《ゆき》

発行者　前田求恭

発行所　株式会社　吉川弘文館

東京都文京区本郷七丁目二番八号

郵便番号一一三—〇〇三三

電話〇三—三八一三—九一五一〈代表〉

振替口座〇〇一〇〇—五—二四四

http://www.yoshikawa-k.co.jp/

印刷＝株式会社 平文社

製本＝ナショナル製本協同組合

装幀＝マルプデザイン

歴史文化ライブラリー

1996.10

刊行のことば

現今の日本および国際社会は、さまざまな面で大変動の時代を迎えておりますが、近づきつつある二十一世紀は人類史の到達点として、物質的な繁栄のみならず文化や自然・社会環境を謳歌できる平和な社会でなければなりません。しかしながら高度成長・技術革新にともなう急激な変貌は「自己本位な刹那主義」の風潮を生みだし、先人が築いてきた歴史や文化に学ぶ余裕もなく、いまだ明るい人類の将来が展望できていないようにも見えます。

このような状況を踏まえ、よりよい二十一世紀社会を築くために、人類誕生から現在に至る「人類の遺産・教訓」としてのあらゆる分野の歴史と文化を「歴史文化ライブラリー」として刊行することといたしました。

小社は、安政四年（一八五七）の創業以来、一貫して歴史学を中心とした専門出版社として書籍を刊行しつづけてまいりました。その経験を生かし、学問成果にもとづいた本叢書を刊行し社会的要請に応えて行きたいと考えております。

現代は、マスメディアが発達した高度情報化社会といわれますが、私どもはあくまでも活字を主体とした出版こそ、ものの本質を考える基礎と信じ、本叢書をとおして社会に訴えてまいりたいと思います。これから生まれでる一冊一冊が、それぞれの読者を知的冒険の旅へと誘い、希望に満ちた人類の未来を構築する糧となれば幸いです。

吉川弘文館

〈オンデマンド版〉
古事記のひみつ
歴史書の成立

On Demand
歴史文化ライブラリー
229

2019年（令和元）9月1日　発行

著　者　三《み》浦《うら》佑《すけ》之《ゆき》
発行者　吉川道郎
発行所　株式会社　吉川弘文館
〒113-0033　東京都文京区本郷7丁目2番8号
TEL　03-3813-9151〈代表〉
URL　http://www.yoshikawa-k.co.jp/

印刷・製本　大日本印刷株式会社
装　幀　清水良洋・宮崎萌美

三浦佑之（1946～）

ISBN978-4-642-75629-7